Ich war eine Ameise

Ursula Kruft

Ich war eine Ameise

Illustrationen von
Manfred Kostka

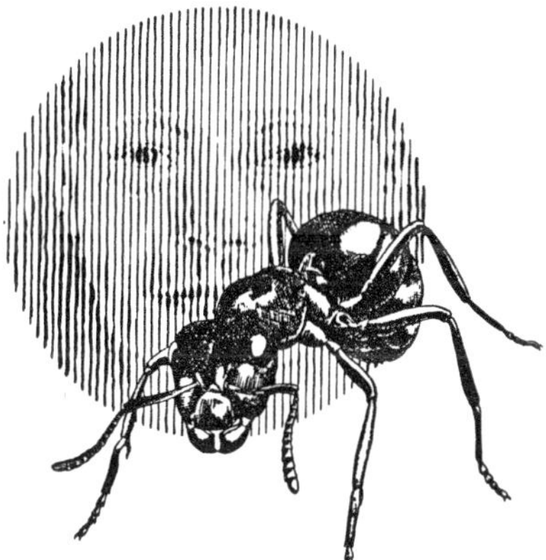

TESSLOFF VERLAG
Hamburg

Druck und Bindung: Arnoldo Mondadori, Verona
ISBN 3 7886 0085 3

Inhalt

5

Vorbereitungen zum Ameisendasein

Es begann an einem schönen Frühlingstag. Mein Bruder Jens, achtzehn Jahre alt, wirtschaftete mit Mennigepinsel und Lackspray an seiner alten Rostlaube herum. Das alte Auto ist sein ganzer Stolz. Er hat es durch verdienstvolle Mitarbeit an Vaters Experimenten erhalten. Daß es mit Mühe 80 Stundenkilometer schafft und Benzin verbraucht, als hätte es ein Loch im Motor, stört ihn wenig. Ich saß an meinem Schreibtisch und mühte mich mit einer Mathe-Zeichnung ab. Sphärische Trigonometrie. Jens ist zwei Jahre älter als ich, aber in Mathe hat er mir vier Jahre voraus. Also bat ich ihn mal wieder, mir ein wenig zu helfen, damit ich in der Schule mein Gesicht wahren konnte. Offenbar glauben die Lehrer, daß man in allen möglichen Fächern olympiareife Leistungen zeigen muß, wenn man einen Wissenschaftler zum Vater hat.

Durchs weit geöffnete Fenster strömte Blütenduft herein. Die Vögel zwitscherten, als erhielten sie ein Extra-Honorar. Drinnen war das Kratzen von Jens' Tuschfeder über meiner Zeichnung das einzige Geräusch. Ein ruhiger Tag. Plötzlich hörten wir eilige Schritte auf der Treppe. Vater kam aus seinem Labor herauf. Wir lebten, das muß ich noch sagen, mit ihm allein im Haus; unsere Mutter ist vor Jahren bei einem Autounfall ums Leben gekommen.

Daß Vater während der festgelegten Arbeitsstunden sein Labor im Souterrain verließ, war ganz und gar ungewöhnlich.

Vater beschäftigte sich mit biologischen Forschungen. Was er in seinem Labor betrieb, war für uns kein Geheimnis. Wir hatten oft genug an seinen Experimenten teilgenommen. Nicht, daß wir seine komplizierten Versuchsanordnungen und Apparate bis in die letzte Einzelheit begriffen hätten; aber wenn er einen Assistenten brauchte, rief er eben Jens oder mich.

Und nun stand Vater in der offenen Tür meines Zimmers. Seine Miene verriet, daß er etwas Besonderes mitzuteilen hatte.

„Jens, Lara, kommt doch mal runter", sagte er ein wenig atemlos. „Der neue Versuch ist gelungen."

Adieu, sphärische Trigonometrie. Ich klappte meine Bücher zu, Jens schob den Zeichenblock beiseite. Zusammen eilten wir ins Labor hinunter, einen großen, von Neonröhren hell erleuchteten Raum, der fast das ganze Untergeschoß unseres Hauses einnahm.

Das erste, was wir sahen, war, daß unser geliebter Bernhardinerhund Teddi nicht wie gewöhnlich zusammengerollt unter Vaters großem Eichenschreibtisch lag. Vielmehr ruhte er auf einer hohen, mit weißen Laken bezogenen Liege und war an eine Reihe von Meßinstrumenten angeschlossen. Sein langsames, regelmäßiges Schnaufen verriet, daß er tief und wohlig schlummerte. Über der Liege schwebte ein blinkendes Metallgitter, das entfernt an eine Fernsehantenne erinnerte.

Und jetzt bestaunten wir Vaters Überraschung: Sie stand auf seinem überdimensionalen Versuchstisch in der Mitte des Labors. Ein Glaskasten von der Größe einer mittleren Zigarrenkiste

– auf den ersten Blick leer. Erst als wir näher herantraten, entdeckten wir, daß etwas Winziges darin herumkrabbelte.

Eine Ameise.

Das war Teddi. Vater hatte einen Teil von Teddis Körperkräften in diese Ameise geschleust.

Wir beugten uns über den Kasten und beobachteten das Tierchen. Dann näherte Vater sein Gesicht Teddis braun-weißen Hundeohren und sagte halblaut: „Teddi, komm!"

Die Ameise, die gerade zur gegenüberliegenden Seite des Glaskastens geeilt war, machte auf der Stelle kehrt und lief zu Vater hinüber, der nun wieder neben dem Kasten stand und einen Bleistift an der Glasscheibe bewegte.

„Teddi, Platz!" sagte Vater ins Hundeohr.

Die Ameise nahm sofort eine Haltung ein, die der eines sitzenden Hundes sehr nahekam.

„Teddi, gib Fuß", bat Vater.

Die Ameise bewegte einen Augenblick lang wie unschlüssig ihre sechs Beinchen; dann hob sie ihr rechtes Vorderbein und streckte es dem Bleistift entgegen. Der Anblick war so drollig, daß wir alle lachen mußten.

Kein Zweifel: die Ameise war unser Teddi. Oder, anders gesagt: unser behäbiger, gutmütiger Teddi war jetzt eine Ameise.

Wie in aller Welt konnte so etwas möglich sein?

Nun, wir wußten halbwegs Bescheid. Vater beschäftigte sich seit Jahren mit den psychischen und physischen Kräften des Körpers. Aufgrund einer ungeheuerlichen, wenn auch eher zufälligen Entdeckung hatte er herausgefunden, daß sich unter bestimmten Voraussetzungen (zum Beispiel Tiefschlaf) Austauschaktionen in besonderer Art und Weise zwischen zwei Lebewesen vollziehen lassen.

Im vergangenen Jahr befaßte Vater sich ausgiebig mit der Daseinsfolge von Fröschen. Im Verlauf seiner Experimente hatte unser treuer Teddi eine Woche lang als Frosch gelebt. Auch damals hatten wir lachen müssen, als der Frosch prompt und ohne Zögern auf die Befehle „Komm“, „Leg dich“ und „Gib Fuß“ reagierte. Danach hatte Vater den schlafenden Teddi geweckt – und von diesem Moment an reagierte auch der Frosch in seinem Glaskäfig nicht mehr. Er war wieder, was er auch vor Beginn des Abenteuers gewesen war: ein gewöhnlicher Frosch. Als wir ihn am Ufer des Baches aussetzten, hüpfte er kerngesund, vergnügt und gänzlich unbeeindruckt davon.

Nach diesem Versuch wagte Vater, der sich seiner Sache völlig sicher ist, das gleiche Experiment mit meinem Bruder Jens. Jens streckte sich unter der blinkenden Antenne aus, ein für diesen Fall speziell entwickeltes Schlafmittel versetzte ihn in Tiefschlaf – und in der folgenden Woche hatte ich einen Frosch zum Bruder. Jens fand es herrlich, als Frosch herumzuhüpfen. Wir mußten nur dauernd aufpassen, wo er hinhüpfte; das feuchte Bachufer schien ihn besonders zu locken. Trotzdem: wäre dem Frosch Jens irgendetwas passiert, hätte zum Beispiel einer der Störche, die auf dem nahen Kirchturm nisteten und gleichfalls ihr Jagdrevier am Bachufer hatten, ihn erbeutet und verzehrt, so wäre das zwar für den Frosch ein Unglück gewesen, aber nicht für Jens. In diesem Fall hätte Vater ihn einfach nur vorzeitig aufgeweckt. Für die Versuchsperson bestand nicht die geringste Gefahr.

Zu dieser Zeit war uns noch nicht bekannt, von welchen Voraussetzungen Vaters Experimente ausgingen. Doch nach dem gelungenen Froschversuch mit Jens wollten wir es genau wissen. An einem nebligen Herbstabend baten wir Vater um eine Erklärung. Unsere Neugier schien ihn zu freuen.

„Also gut", sagte er. „Jeder Mensch – die Tiere lassen wir zunächst einmal beiseite – besitzt etwas, das man das Bewußtsein nennt. Ihr könnt euch darunter doch etwas vorstellen?"

Jens dachte lange nach.

„Bewußtsein", sagte er. „Ja, das habe ich, wenn ich weiß, daß es mich gibt, daß ich da bin . . . "

„Daß du wo bist?" faßte Vater nach.

„Na, hier – in der Welt meinetwegen . . . "

„Genau", fiel ihm Vater ins Wort. „In der Welt. Das ist nämlich das Wichtigste daran. Dein Bewußtsein bestimmt dein Verhältnis zur Welt. Zu deiner Umwelt, in der du lebst. Und damit sind wir der Frage, von der ich bei meinen Arbeiten ausgegangen bin, schon ziemlich nahe."

„Und die wäre?" fragte ich.

„Wo", sagte Vater betont langsam , „bleibt eigentlich das Bewußtsein, wenn der Mensch schläft?"

„Dann ist es fort", behauptete Jens ein wenig voreilig.

„Wenn es fort ist", erwiderte Vater, „dann ist der Mensch bewußtlos. Das ist etwas anderes als Schlaf."

Jetzt meldete ich mich zum Wort. „Ich glaube", sagte ich, „ich weiß, wo das Bewußtsein ist, wenn der Mensch schläft."

„Und wo?" fragte Jens mißtrauisch, wie er immer ist, wenn ich etwas weiß, was er nicht weiß.

„Da, wo die Träume herkommen, im Bereich des Unterbewußten.“

„Kluges Kind“, sagte Vater. „Das ist gar keine schlechte Antwort. Aber lassen wir mal die Träume beiseite. Dann bleibt festzustellen: im Schlaf trennt sich das Bewußtsein vom Körper; es wird frei von ihm, aber es verläßt ihn nicht. Und genau das war der Ausgangspunkt meiner Forschungen. Ich habe mir gesagt: wenn das Bewußtsein im Schlaf frei ist, dann müßte es doch möglich sein, es gewissermaßen einzufangen und auf ein anderes Lebewesen zu übertragen. Auf einen Frosch zum Beispiel, wie bei Jens. Oder auf eine Ameise.“

„Und wie machst du das?“ fragte Jens.

„Man muß dazu gewisse elektrische Vorgänge im Gehirn sowie im ganzen Körper beeinflussen. Die Apparate, die ich dazu entwickelt habe, sind natürlich um so komplizierter, je verwikkelter die Bewußtseinsregungen sind, die ich mit ihnen einfangen will. Deshalb auch die beiden Vorversuche mit Teddi – sein Bewußtsein ist viel einfacher gebaut als das eines Menschen. – So, wißt ihr nun Bescheid?“

Jens und ich sahen uns an und nickten. Wir würden noch darüber nachzudenken haben, aber im Grunde wußten wir Bescheid.

„Gut“, sagte Vater. „Dann laßt uns schlafen gehen. Es ist schon spät.“

Ich hatte Jens damals ein wenig beneidet, weil Vater den Froschversuch mit ihm unternommen hatte und nicht mit mir. „Jens ist zwei Jahre älter als du, Lara“, hatte er mich zu trösten versucht. „Deshalb habe ich den ersten Versuch mit ihm ge-

macht. Warte nur ab, du kommst auch noch an die Reihe."
Und nun, nachdem Vater das Experiment mit Teddi erfolgreich abgeschlossen hatte, stand einem Versuch mit mir nichts mehr im Wege. Vater hatte Teddi inzwischen wieder aus dem Tiefschlaf geweckt. Er war sogleich munter in den Garten gerannt, um dort einen alten Knochen auszugraben, und die Ameise war wieder eine gewöhnliche Ameise, die auf keinen Befehl mehr reagierte und blitzschnell zwischen zwei Steinplättchen in der Nähe ihrer Burg verschwand, als Vater sie freiließ.

Wir trafen die nötigen Vorbereitungen für den Versuch, bei dem ich die Hauptperson sein würde, in aller Ruhe. Mit dem Leben der Roten Waldameisen hatten wir uns schon vorher eingehend vertraut gemacht. In einer Woche, meinte Vater, würde ich als Ameise unter einem echten Ameisenvolk leben. Auf diese Weise konnte ich Vaters Versuch durchführen und gleichzeitig die Gewohnheiten der Ameisen aus nächster Nähe studieren. Einen geeigneten Ameisenbau, der gut geschützt war und weit abseits der Wanderwege lag, hatten wir uns bereits ausgesucht. Natürlich war auch wichtig, daß die Ameise, in deren Körper ich sozusagen hineinschlüpfen sollte, aus diesem Bau stammte – sonst würde das Ameisenvolk mich nicht in seine Gemeinschaft aufnehmen.

Vater und Jens wollten das Experiment gemeinsam überwachen. Einen Tag kontrollierte Vater die Meßgeräte über der Liege im Labor, auf der ich schlafen würde, während Jens sich draußen beim Ameisenhügel aufhielt; am nächsten Tag machten sie es umgekehrt. Mit Hilfe von Jens' rostigem Auto hatten

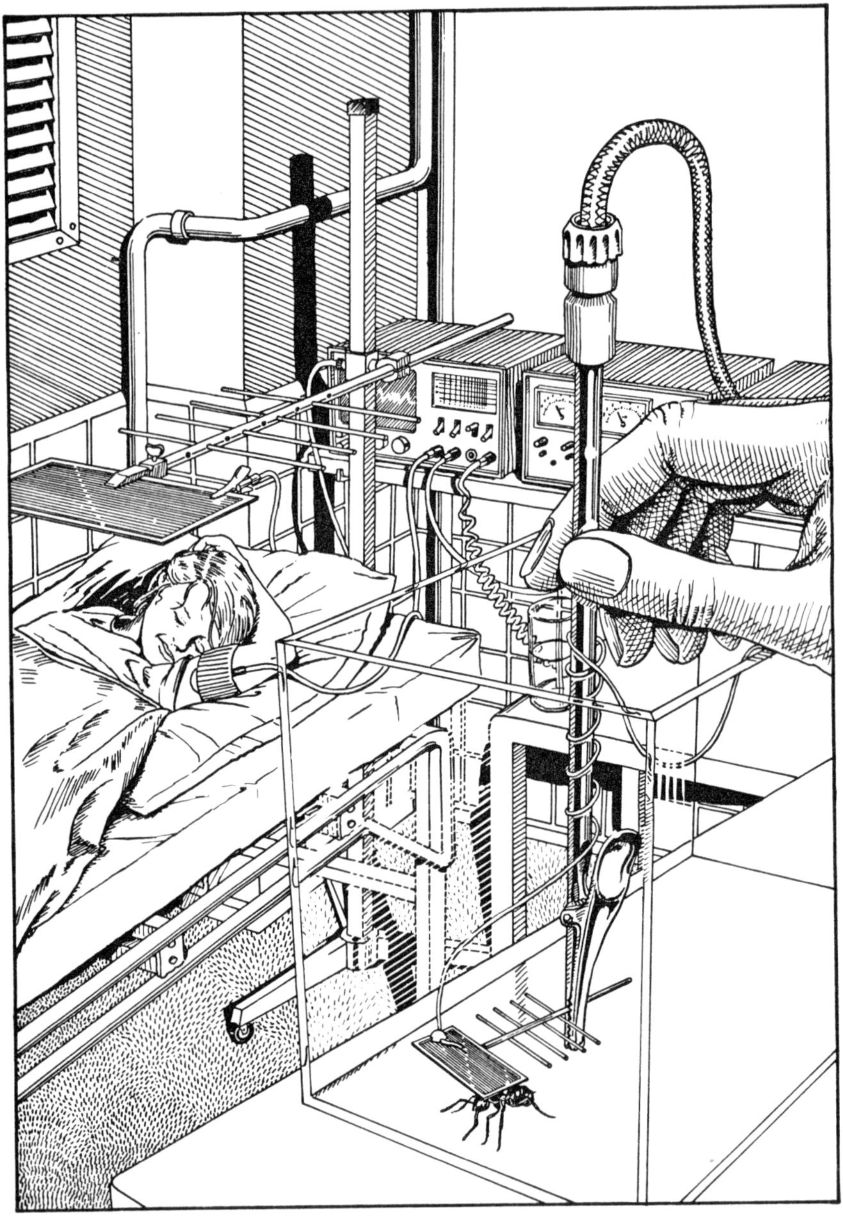

wir unseren kleinen Wohnwagen in die unmittelbare Nähe der Ameisenburg geschafft und vor ihm einen bequemen Liegestuhl mit einem Schirm gegen Sonne und Regen aufgestellt; von ihm aus konnten Vater und Jens die Ameisen beobachten, ohne daß sie Gefahr liefen, eins der Tiere zu zertreten.

Alles lief planmäßig ab wie die Vorbereitung eines Mondfluges. Und dann kam der Tag, an dem ich ein Abenteuer bestehen sollte, das mein Herz vor Erwartung höher schlagen ließ.

Nach dem Abendessen gingen wir ins Labor hinunter. Die Liege, auf der ich schlafen würde, war mit einem frischen weißen Laken überzogen; über ihr schwebte das blinkende Metallgitter.

Mit ruhiger, sicherer Hand befestigte Vater die erforderlichen Meßinstrumente an meinem Körper.

Das Experiment konnte beginnen.

Ich spülte das Schlafmittel mit einem Glas kalter Milch hinunter und streckte mich auf der Liege aus. Jens hängte derweil ein zweites Metallgitter über den Glaskasten auf dem großen Labortisch. Danach bewegte er einige Hebel und Schalter; bunte Lämpchen zuckten auf, die Zeiger der Meßinstrumente bewegten sich. Ein leises, stetiges Summen, das von den Apparaturen ausging, erfüllte den Raum. Ich war voller Erwartung. Bisher hatte ich nichts gespürt. Eine tiefe, wohltuende Müdigkeit überfiel mich. Das Letzte, was ich sah, war Vaters Gesicht, der sich mit prüfendem Blick über mich beugte. Dann fielen mir die Augen zu, und ich schlief ein.

In einer anderen Welt

Ich träumte, eine Ameise zu sein, merkwürdiges Gefühl.

Nein, ich war eine Ameise!

Auf meinen sechs langen Beinen stand ich in einem großen, kahlen Raum. Das mußte der Glasbehälter sein, in dem Vater mich zum Ameisennest hinübertragen würde. Zunächst galt es, mit den unglaublichen Größenunterschieden zurechtzukommen. Ich wußte, daß Vater und Jens mich gespannt durch ihre Lupen beobachteten. Neugierig probierte ich meinen neuen Körper aus. Unerhört leicht ließ es sich mit sechs Beinen gehen, vorwärts und auch rückwärts. Ich rollte mich zusammen, so daß mein Kopf den Hinterleib berührte und machte alle möglichen Verrenkungen, und fühlte mich gelenkig wie ein Zirkusartist. An der Wand oder an der Decke entlangspazieren zu können, darum hatte ich die Insekten schon immer beneidet; es gelang mir mühelos. Ich blieb nun an der Wand des Glasbehälters sitzen und wartete, bis Vater den Deckel über mir öffnete. Weil Ameisen völlig anders sehen, riechen und empfinden als Menschen, hatten wir dafür sorgen müssen, daß ich Vater und Jens unterscheiden und erkennen konnte. Vater war ganz in Gelb gekleidet und trug eine gelbe Mütze, die den Kopf umschloß, sein Gesicht aber freiließ. Dazu duftete er stark nach Honig. Jens hingegen trug von Kopf bis Fuß grüne Kleidung. Von ihm ging Tannenduft aus. Auf diese Weise würde ich beide erkennen und unterscheiden können. Diese Vorbereitung erwies sich jetzt als nützlich, denn ich sah in einiger Entfernung vor mir zwei Menschengesichter, jedes so groß wie ein Haus. Aber ich hätte nicht zu unterscheiden gewußt: Wer ist Vater, wer ist Jens? Nun nahm ich die besten Teile meines neuen Körpers zu Hilfe, meine langen Fühler. Sie sagten mir klar und deutlich: Das rechte Riesengesicht duftet nach Honig, das linke nach Tannen. Bei längerem Hinsehen glaubte ich auch in der Richtung des Honigduftes ganz deutlich etwas Gelbliches und in der Richtung des Tannenduftes einen grünlichen Schein zu erkennen.

Der Honiggeruch, der von Vater ausging, ließ mich augenblicklich Hunger empfinden. Eine meiner ersten Aufgaben bestand ohnehin darin, Vater und Jens vorzuführen, ob die Nahrungsaufnahme funktionierte. Und schon verstand ich, was meine beiden Fühler mir verrieten: „Einige Schritte nach rechts gehen, dort befindet sich etwas Süßes." Rasch fand ich den Honig, der dort auf mich wartete und der mir noch nie so gut geschmeckt hat, wie in diesem Moment.

In der Ecke meines Glasbehälters lagen einige halbe und ganze Tannennadeln. Wir hatten verabredet, daß ich versuchen sollte, sie umherzutragen. Voller Spannung probierte ich die Brauchbarkeit meiner Mandibeln. Damit jeder versteht, was gemeint ist, werde ich diese erstklassigen Werkzeuge, die vorne an meinem Kopf angeordnet waren, einfach „Zangen" nennen. Ich beugte mich hinunter, packte eine halbe Tannennadel an, hob sie hoch. Gar nicht so leicht; ich glaubte aber, noch Schwereres tragen zu können. Ob ich eine ganze Tannennadel schaffte? Ich klemmte das große, gewichtige Ding fest zwischen meine Zangen und wuchtete es durch den Raum. Die Zangen ersetzten mir Hände und Arme zugleich. Es gelang mir, nach der ersten Übung das ganze Häufchen Tannennadeln von der rechten in die linke Ecke zu schleppen. Nach einer kurzen Pause lief ich dreimal quer durch meinen Glaskasten. Dies war ein verabredetes Zeichen und bedeutete: „Alles in Ordnung, Vater. Von mir aus kannst du mich jetzt zum Ameisenhügel tragen." Daraufhin nahm Jens vorsichtig mit einer Pinzette die Tannennadeln heraus, damit sie unterwegs beim Transport nicht auf mich rutschten.

Zuvor jedoch – das hatten wir vorher besprochen –, wurde ich behutsam aus meinem Glashäuschen herausgehoben und auf ein für mich ackergroßes weißes Blatt Papier gestellt. Ich hielt ganz still, weil Vater mir nun einen leuchtend weißen Mikro-Sender auf den Rücken klebte. Die Pieptöne, die dieser ausstrahlte, wurden von den Meßinstrumenten im Wohnwagen empfangen. Auf diese Weise konnten Vater und Jens jederzeit feststellen, wo ich mich gerade aufhielt.

Anschließend mußte ich noch ausprobieren, ob ich die kleinen Haustürchen des Glasbehälters, in dem ich transportiert werden sollte, tatsächlich würde öffnen können. Mit meinem Kopf stieß ich zweimal sachte und dann zweimal fest dagegen. Sofort öffnete sich eines der Türchen. Auf die gleiche Art ging ich auch wieder hinaus. Wie verabredet, testete ich drei Türen auf jeder Seite des Häuschens. Alle ließen sich leicht öffnen und schließen. Sobald ich das Innere des Glashäuschens betrat, schloß sich die Tür hinter mir automatisch. Der Glasbehälter war ein von Jens erdachtes kleines Wunderwerk. Ich sollte darin nicht nur zur Ameisenburg getragen werden. Er stellte gleichzeitig eine Art Schutzhütte dar, in die ich mich bei Gefahr zu jeder Zeit retten konnte. Außer mir gelang es keinem anderen Wesen, ins Häuschen zu huschen, weil ich ja zweimal leicht und zweimal fest mit dem Kopf gegen die Tür drücken mußte. Selbstverständlich war das Glashaus mit etwas Eßbarem für mich versehen. Als sie es anfertigten, hatten Jens und Vater beschlossen, nicht nur einen Kasten zu bauen, sondern gleich zehn Stück davon. Rund um die Ameisenburg sollten sie aufgestellt werden. Dabei wäre es eigentlich durchaus nicht tragisch, wenn ich von einem Vogel verspeist würde oder mein Ameisendasein sonstwie endete. In diesem Fall weckte Vater mich vorzeitig aus meinem Tiefschlaf auf. Mit dem Erwachen würde mein Bewußtsein schlagartig zurückkehren – einerlei, wo es vorher gewesen war.

Nachdem ich wieder drinnen war, wurde der Deckel meines Häuschens behutsam geschlossen. An den innen befestigten Streichhölzern – für mich waren es dicke Holzbalken – klammerte ich mich fest. Vater würde mich nun in den Wald zu den Ameisen tragen. Eines fand ich schon jetzt sehr interessant, nämlich das Sehen und Empfinden. Ich sah alles auf eine andere, neue Art und Weise. Was ich erblickte, nahm ich auch irgendwie gleichzeitig mit meinen Fühlern wahr.

Vater ging mit behutsamen Schritten durchs Haus. Er wollte mir ein allzu starkes Herumschaukeln in seiner Hand ersparen. Dann wurde es um mich herum plötzlich dunkel. Wir mußten also draußen im Freien sein. Als ich umherschaute, entdeckte ich seitlich Licht. Es war Vaters starke Taschenlampe. Etwa eine Viertelstunde benötigten wir, um zum Ameisenhügel zu gelangen. Eine Zeitspanne, die mir recht lang erschien. Wir wollten im Dunkeln dort ankommen und bei Anbruch des Tages das Abenteuer starten. Das sanfte Schaukeln in Vaters Hand hörte auf. Wir waren im Wald angelangt. Langsam wich die Nacht dem Tage. Dunkelheit verwandelte sich allmählich in fahles Licht. Ich wußte, daß Vater auf dem Liegestuhl hockte, ehe er mein Glashäuschen auf den Waldboden stellte, um keine Ameise – vor allem mich nicht – zu zertreten. Nun durfte ich entscheiden, ob ich sofort hinauslaufen oder noch einen Augenblick warten wollte. Zum Zeichen, daß mit mir alles in Ordnung sei, lief ich dreimal quer durchs Häuschen, blieb einen Moment stehen – und wagte mich mutigen Herzens hinaus.

In was für einer Welt befand ich mich hier! Welch seltsame Gerüche und Empfindungen umgaben mich! Rundum erhob sich ein dichter grüner Wald mit eigenartigen schmalen, leicht gebogenen Bäumen. Ich wußte wohl, daß es Grashalme waren. Ein einziger Halm reckte sich in einer Länge über mir empor, daß ich an den gewaltigen Stamm eines Urwaldriesen denken mußte. Ziemlich klar erkannte ich die gelbe, nach Honig duftende Wegmarkierung, die Vater für mich in Richtung Ameisenburg angelegt hatte.

Ich durchquerte eine grüne Wildnis von ungeheuerlichen Ausmaßen. Vater hatte mich nur einen Meter von der Ameisenburg entfernt abgesetzt. Nun aber ragte die mächtige Kuppel des Baues ein beträchtliches Stück von mir entfernt auf;

langsam bewegte ich mich darauf zu. Jedes Erdkrümelchen, das ich als Mensch nicht einmal bemerkt hätte, mußte ich mühsam übersteigen. Selbst auf dem Boden liegende Tannennadeln bildeten ein Hindernis, über das ich klettern mußte.

Für einen Augenblick blieb ich stehen und starrte bewundernd im fahlen Tageslicht den riesigen, mit blauen Blüten und weit eingekerbten grünen Blättern behangenen Blumenturm an, von dem ein merkwürdiger, schwerer und süßlicher Geruch ausging. Jäh und unsanft wurde ich aus dieser Betrachtung gerissen, denn plötzlich stürzte sich ein dickes braunes Tier auf mich. Es war um ein vielfaches größer als ich und drückte mich mit seinem Gewicht zu Boden. Ich dachte schon, mein Ameisendasein fände ein vorzeitiges Ende, als das Tier einen gewaltigen Luftsprung tat und ein Stückchen von mir weg auf einem Blatt landete. Nach angestrengtem Hinsehen erkannte ich, daß es ein Grashüpfer war. Ich rappelte mich auf und bemühte mich weiter, die Riesenstadt der Waldameisen zu erreichen.

Dies sollte mir jedoch nicht ohne einen weiteren Zwischenfall gelingen. Nach einer Weile zitterte der Boden leicht unter meinen Füßen. Vorsichtshalber duckte ich mich und wendete den Kopf in die Richtung, aus der die Unruhe kam. Und fast wäre ich überrannt worden von zwei sich um eine Riesenbeere zankenden schwarzen Vögeln. Natürlich dachten sie nicht im Traum daran, daß noch andere Waldbewohner zu ihren Füßen des Weges gingen. Mit wilden Sprüngen hüpften sie mal vor, mal zurück, mal nach rechts und mal nach links, so daß ich nicht wußte, wohin ich mich in Sicherheit bringen sollte. Glücklicherweise dauerte die Rauferei dieser beiden jungen

Amseln nicht lange. Ebenso rasch, wie sie auftauchten, flatterten sie, so gut sie es schon konnten, davon. Ganz gegen meinen Willen flog auch ich eine kleine Strecke durch die Luft. Die mächtigen Flügel der beiden jungen Vögel wirbelten mich leichtes Ding einfach in die Höhe. In meinem Schrecken vergaß ich völlig, mich irgendwo festzuhalten.

An das Laufen und Klettern mit meinen sechs Beinen hatte ich mich inzwischen schon gut gewöhnt. Ich versuchte jetzt schneller voranzukommen – und siehe da, es gelang mir. Das Licht des anbrechenden Tages war bereits so hell, daß ich recht klar alle Einzelheiten erkannte. Andauernd begegnete ich merkwürdigen, wäßrigen Gebilden, für die ich nicht sogleich eine Erklärung fand. Platsch – jetzt wußte ich es. Unvorsichtig, wie ich noch war, berührte ich so ein kugelrundes glitzerndes Wasserding, das beinahe doppelt so groß war wie ich. Es zerplatzte und bescherte mir ein kurzes, unfreiwilliges kaltes Bad. Künftig würde ich mich bemühen, keinem Tautropfen mehr zu nahe zu kommen. Auf dem morgendlichen Waldboden gab es ohnehin genug Feuchtigkeit, durch die ich mich voranarbeitete.

Endlich stand ich dicht vor dem mächtigen Ameisengebäude. Ich war froh, zunächst nicht mehr als vielleicht zehn meiner Artgenossen zu erblicken. Zu dieser frühen Tagesstunde war, wie ich wohl wußte, der volle, arbeitsreiche Tagesablauf noch nicht im Gange. An vielen Stellen der Ameisenburg wurden dann aber bald von innen die mit Hölzchen verrammelten Eingänge geöffnet, und die Ameisen-Arbeiterinnen quollen in Strömen heraus, um draußen ihre Arbeit aufzunehmen.

Abends – das wußte ich – werden die Eingänge mit Hölzern oder ähnlich sicheren Gegenständen geschlossen, damit in der Nacht keine ungebetenen Gäste hereinkommen können.

Nachdem ich den geschäftig ins grüne Dickicht laufenden Arbeiterinnen eine Weile zugeschaut hatte, wagte ich mich hinter einem kleinen Erdhäufchen, das mir als Sichtschutz gedient hatte, hervor. Was würde sich jetzt abspielen? In diesem Augenblick fühlte ich mich mutig und stark. Schließlich war Vater ganz in der Nähe; er konnte mich beobachten, solange ich noch nicht im Innern der Burg verschwunden war. Würden mich die anderen Ameisen als eine der Ihren anerkennen? Um ihnen gegenüber nicht ungewöhnlich zu erscheinen, mußte meinem Körper ihr spezieller Nestduft anhaften. Jedes Ameisenvolk besitzt eine „Geruchsnationalität", einen typischen Geruch, an dem sich die Angehörigen eines Volkes erkennen. Aus diesem Grund hatte Jens eine junge Ameise aus eben dieser Burg geholt, vor der ich jetzt stand. Nachdem wir eine Weile zusammen waren, hatte auch ich den richtigen Geruch. Dennoch zögerte ich noch ein wenig, bevor ich mich unter die anderen Ameisen mischte. Gleich würde ich eine unbekannte, ganz neue Welt betreten. Welche Abenteuer mich wohl hier erwarteten? Die Spannung in mir wuchs. „So muß es dem amerikanischen Astronauten Neil Armstrong ergangen sein, der als erster Mensch den Mond betrat", schoß es mir noch durch den Kopf.

Über das, was zunächst geschah, war ich halb enttäuscht und halb erleichtert. Keine einzige der zahlreichen Ameisen, die hier vor der riesigen Burg scheinbar ziellos umherliefen, beachtete mich. So nahm ich in aller Ruhe die Gelegenheit wahr, ihnen zuzuschauen. Doch dann kamen aus einem der nächstgelegenen Eingänge zwei, nein drei, nein acht Ameisen. Sie verließen die Burg in größter Eile und rannten schnurstracks auf mich zu. Himmel, was sollte ich tun? Acht gegen eine! Mir fiel nichts Besseres ein, als einfach stehenzubleiben. Was geschah?

Alle acht rannten dicht an mir vorbei – ungefähr in die Richtung, aus der ich gekommen war. Vielleicht holten sie gemeinsam Beute herbei. Jetzt fühlte ich mich wirklich erleichtert, weil sie sich nicht auf mich gestürzt hatten, sondern weiterhasteten, so rasch sie konnten, immer eine hinter der anderen her.

Ich erklomm einen der dicken Äste, die am Boden herumlagen, und musterte die dicht vor mir aufragende, schattenhaft dunkle Ameisenburg. Sie erhob sich wie ein riesiger Berg, von dem man, unmittelbar davorstehend, nur einen Teil im Blickfeld hat. Mühsam kletterte ich ein Stückchen höher, um die Lastträgerin, die vor mir herstieg, besser beobachten zu können. Sie transportierte in ihren kräftigen Zangen einen langen, schmalen Balken. Schwer schleppend arbeitete sie sich langsam vorwärts. Vor ihr türmte sich ein Gewirr von Ästen, das sie mit ihrer Last überstieg. Keine leichte Arbeit. Der Balken, den sie daherwuchtete, kam mir sehr bekannt vor. Ach ja, die Größenunterschiede! Die Kollegin bugsierte eine Tannennadel.

Ich stieg von meinem Ast herunter und trat zur Seite, um einem Trupp auszuweichen, welcher der Burg zustrebte. Es waren acht Arbeiterinnen. Jede von ihnen trug einen dicken Fleischbrocken zwischen den Zangen. Offensichtlich waren es Jagdameisen, die mit ihrer in Stücke zerteilten Beute heimkehrten. Augenscheinlich handelte es sich um jene acht Ameisen, die mich vorhin in Schrecken versetzt hatten, weil ich annahm, sie hätten es auf mich abgesehen.

Essen will gelernt sein

Bevor ich die Burg der Ameisen betrat, mußte ich eine Arbeiterin um Nahrung bitten. Das ist erstens bei diesen Tieren üblich, und zweitens gehörte es zu meinem mit Vater abgesprochenen Programm. Am besten wartete ich, bis ich einer Ameise mit prall gefülltem Hinterleib begegnen würde, einer, die vielleicht gerade von den „Melkkühen" heimkehrte und in ihrem Schenkmagen süßen Honigtau gesammelt hatte.

Man muß nämlich wissen, daß die Ameisen neben ihrem eigenen kleinen Magen noch einen größeren Pump- oder Staatsmagen haben, in dem sie fast immer Nahrung zum Verschenken an die anderen Ameisen mit sich herumtragen. Wenn man hungrig ist, bittet man die Gefährtin, die einem gerade über den Weg läuft, um etwas Nahrung – das ist alles. Wer allerdings im Außendienst arbeitet, sucht sich sein Essen selbst. Dabei versteht sich von selber, daß niemand nur für sich allein Nahrung aufnimmt: der große Schenkmagen wird stets mitgefüllt, damit möglichst viele Verwandte davon beköstigt werden können.

Und tatsächlich kamen aus dem Dickicht einige Arbeiterinnen mit ansehnlich gedehntem Hinterleib auf mich zu. Das „Dickicht" war nicht mehr als ein großes Grasbüschel, und in diese Richtung führte offensichtlich der Weg zu den Honigplätzen. Ich krabbelte zu den Arbeiterinnen hinüber, in der Erwartung, eine Portion Honig zu erhalten. Wie bisher alle anderen, so schenkte auch diese mir keine Beachtung. Flink, aber ohne jede Hast, wanderten sie an mir vorüber. Schließlich stellte ich mich der letzten Heimkehrerin in den Weg. Mir fiel auf, daß sie etwas größer war als ich. Alles an ihr erschien mir gedrungen und kräftig. Nicht zu übersehen war ihr Körperabschnitt hinter der Taille. Sie hatte ihren Schenkmagen derart vollgeladen, daß zwischen den hinteren Körperringen helle Hautstreifen sichtbar wurden. Besonders auffällig fand ich ihre Beine. Sie dufteten stark nach – ich würde sagen: nach Parfüm. Dabei wirkten sie wie gelb angestrichen, nein, eher wie gelb gepudert, möglicherweise mit dem Dollenstaub einer gelben Blüte.

Sie blieb gleichfalls stehen und streckte mir prüfend ihre beiden langen Fühler entgegen. Jetzt oder nie, dachte ich und trat einen Schritt auf sie zu, so daß mein Kopf den ihren berührte. Ich wußte, daß beim gegenseitigen Füttern auch wechselseitiges, zärtliches Streicheln üblich ist. Darum gab ich mir die größte Mühe, freundlich und nett zu meiner Partnerin zu sein. Noch während ich mir überlegte, was wohl zu tun war, begann meine neue Freundin bereits mit dem Zeremoniell, das heißt, mit den vorgeschriebenen Handlungen: mit zarten, blitzschnellen Fühlerschlägen berührte sie wohltuend meinen Kopf. Natürlich hatte sie zuvor mit Hilfe ihrer Fühler erkundet, daß ich den Duft ihres Volkes trug und eine der Ihren war. Auch ich registrierte deutlich den beruhigenden, typischen Duft, der ihr anhaftete. Nun begann sie, meinen Kopf mit ihren beiden Vorderbeinen zu „betrillern“; sie streichelte ihn mit schnellen

Bewegungen. Auch diese Behandlung nahm ich dankbar entgegen. Nun wurde es höchste Zeit, daß auch ich die entsprechenden Bewegungen ausführte, schließlich war ich es ja, die Speise erbat. Tüchtig legte ich mich ins Zeug, streichelte kräftig ihre Stirn und Wangen, betrillerte flink und schnell ihren Kopf – und . . . Nein, noch nicht! Noch gab sie mir nichts zu essen. In dieser Welt nahm man sich Zeit füreinander. Noch einmal streichelte sie mich, dann ich sie, und erst jetzt geschah es: Sie öffnete weit ihre Zangen und schlug ihre Fühler zurück. Und endlich erschien vor ihrem Mund ein schöner appetitlicher Nahrungsballen, der etwa halb so groß war wie mein Kopf. Er spannte sich zwischen ihren gespreizten Zangen. Während sie ganz stillhielt, saugte ich genüßlich den nach Honig schmekkenden Klumpen in mich hinein und ließ dabei wohlig meine Fühler und Vorderbeine auf- und abwippen.

Nachdem ich ihren köstlichen Honig verspeist hatte, wendete sich meine neue Freundin langsam um und machte sich wieder auf den Weg in die Burg, um dort noch viele andere Arbeiterinnen zu füttern.

All das Neue um mich herum hatte mich abgelenkt. Erst jetzt genoß ich bewußt den warmen Sonnenschein. Die Strahlen der Sonne trafen den Waldboden hier unten jedoch nur stellenweise: überall gab es Schatten. Pflanzen von jeglicher Größe verdeckten die Sonne. Ich erklomm einen baumhohen Grashalm, um ein kurzes Sonnenbad zu nehmen. Gleichzeitig gedachte ich von dort oben einen hübschen Ausblick zu genießen. Doch in dieser Hinsicht wurde ich leider enttäuscht – überall ringsum wucherten Gräser und Gesträuch. Unter mir

sah ich fleißige Arbeiterinnen geschäftig hin- und herrennen. Und dann merkte ich, daß eine von ihnen an meinem Grashalm emporkrabbelte. Hatte sie die gleiche Absicht wie ich? Wollte sie sich auch in der Sonne aalen? Behende kletterte sie und war im nächsten Augenblick auch schon bei mir. Sie war ein bißchen kleiner als ich. Neugierig streckte sie mir ihre Fühler entgegen, rückte näher heran. Was wollte sie? Oh ja, ich verstand schon. Zart, aber unmißverständlich fing sie an, mit ihren Fühlern meinen Kopf zu streicheln. Dann nahm sie ihre Vorderbeine zu Hilfe. Klar, sie erbat von mir etwas zu essen. „Aber gerne“, gab ich ihr zu verstehen, indem auch ich mit sanften

Bewegungen meiner Fühler ihren Kopf liebkoste. Daß sie aus unserem Volk stammte, hatte ich bereits wahrgenommen. Und von dem Honigballen, den ich vorhin erhalten hatte, konnte ich leicht einer anderen etwas abgeben. Hoffentlich würde ich das Füttern auch zustande bringen, ungeübt, wie ich war.

Die kleine Kameradin, die mich um Nahrung bat, strich so ausgiebig über meine Stirn und Wangen, daß mein Schenkmagen endlich tat, was er tun sollte. Er pumpte eine Portion herauf, die ich vor meinen Mund schob. Während das Essen durch meinen Mund glitt, genoß ich den guten Honiggeschmack aufs neue. Ich spreizte meine Zangen weit auseinander, damit die kleine Arbeiterin die Honigblase, die ich ihr reichte, bequem aufnehmen konnte. Sie leckte denn auch alles mit Wohlbehagen in sich hinein. Zum Schluß wischte sie mit ihrer Zunge sogar meinen Mund sauber. Wir verabschiedeten uns. Während sie sich hier oben auf dem leicht wippenden Grashalm ein wenig ausruhte, setzte ich mich in Richtung Burg in Bewegung.

Leicht und flink balancierte ich auf dem Grashalm nach unten. Obwohl mein Kletterbaum infolge eines Windstoßes ins Schwingen geriet, erreichte ich wohlbehalten den Boden. Nun aber auf zur Burg! Der nächstbeste Eingang sollte mir gerade recht sein.

Hochzeitsflug

Aber warum eilten jetzt alle Stammesschwestern, denen ich begegnete, so unruhig durch die Gegend? Vielleicht erfuhr ich den Grund, wenn ich mich einfach mit ins Gedränge begab. Daß etwas Besonderes los war, dessen glaubte ich mir sicher zu sein. Irgendeine Aufregung hatte das ganze Volk erfaßt. Aber welche? Hinter wem eilten die Arbeiterinnen, die sich nur wenige Spannen von mir entfernt drängelten, her? Schimmerten in dem Gedränge nicht Flügel?

Fast glaubte ich meinen Augen nicht zu trauen. Mir wurde das seltene Glück zuteil, geflügelte junge Weibchen und Männchen zu sehen. Immer mehr aufgeregte Arbeiterinnen kamen aus den Eingängen der Burg; sie fütterten ihre Geflügelten und streichelten sie mit den Fühlern. Auch mich ergriff jetzt die allgemeine Erregung. Heute stand ein Ereignis bevor, das sich nur an einigen Tagen im Jahr abspielte: der Hochzeitsflug.

Die Flügel der Hochzeiter spannten und strafften sich, und die Unruhe wuchs. Es schien, als sei das ganze Volk auf den Beinen. Wer würde an einem solchen Tag einer geregelten Arbeit nachgehen? Niemand.

Ich stürzte mich mitten ins Gewimmel, ließ mich beschwingt mittreiben. Der Strom der Arbeiterinnen hatte mich erfaßt und direkt neben ein abflugbereites, kräftiges Männchen geschwemmt. Es bewegte seine Flügel, als sei es der stärkste Mann der Welt, der seine Muskelpakete für die Filmkameras spielen läßt. Weiter und weiter drängten mich die anderen. Wir rannten mehrmals im Kreis herum, streichelten jedes geflügelte Männchen oder Weibchen, das uns unter die Fühler geriet und verfolgten sie auf die Grashalme. Soweit ich zu schauen und empfinden vermochte, bot sich dasselbe Bild, sämtliche Grasspitzen im Umkreis trugen die gleiche Last: Geflügelte mit Gefolge. Die Sonne schien warm und verlockend. Wer würde den Liebesreigen eröffnen? Sanft schwangen die grünen Abflugrampen.

Wir, das Ameisenpublikum, zitterten mit und schwelgten im Nichtstun. Mich faszinierte der Anblick eines Weibchens, das vor mir seine schillernden Flügel schwirren ließ. Und dann geschah etwas, das – wie ich nach unseren Studien über das Leben der Ameisen wußte – notwendig war, um den Fortbestand des Ameisenvolkes zu sichern.

Die weiblichen Geflügelten, das heißt, die jungfräulichen Königinnen, erheben sich hoch in die Lüfte. Ihre männlichen geflügelten Artgenossen verfolgen sie. Hoch und immer höher schwingen sich die Weibchen empor, und nur die kräftigsten der Männchen schaffen es, sie zu erreichen und in der Luft zu begatten. Zu diesem und zu keinem anderen Zweck leben die Männchen ihr kurzes, müßiges Leben. Die Schwachen, Trägen, Ungeschickten, die schlecht gewachsenen und schlecht Ernährten unter ihnen erreichen nicht einmal diesen Hauptzweck ihres Daseins. Sie müssen die Verfolgung der Weibchen aufgeben und sterben den Erschöpfungstod. Freilich erleben auch die

Männchen, denen es gelingt, sich mit einem der Weibchen zu paaren, den nächsten Tag nicht mehr. Ja, sogar viele der Jungköniginnen überleben den Hochzeitsflug nicht – ein Gedanke, der mich tieftraurig stimmte.

Mit aller Kraft schüttelte ich diese niederdrückenden Gefühle ab; der Augenblick forderte meine ganze Aufmerksamkeit. Ohne auf mich selbst zu achten, bewunderte ich die unmittelbar vor mir an einem Grashalm hinaufkletternde Geflügelte; ich ließ dabei jegliche Vorsicht außer acht, obwohl wir uns auf einer schmalen Abflugrampe befanden. Die Geflügelte ließ unversehens und für mich unvermutet ihre herrlichen, durchsichtigen Schwingen durch die Luft sausen. Was tut man in einem solchen Fall? Man geht ein Stückchen zur Seite. Ich trat rücksichtsvoll einen Schritt von ihr weg und spürte klar und deutlich, daß meine drei linken Beine in der Luft, im Leeren hingen. Langsam, aber sicher rutschte ich ab. In heller Panik angelte ich wenig graziös in meiner mißlichen Lage nach dem erstbesten Gegenstand, der mir Halt bot. Automatisch grabschten meine Zangen ein Bein der Geflügelten. Ein Ruck – ein Sturz – und wir fanden uns in schöner Eintracht auf dem Boden wieder. Genauer gesagt: wir steckten in dem Spalt eines Holzstückes. Der Sturz hatte uns leichten Geschöpfen nicht die geringste Verletzung verursacht. Mein Schrecken, in die Tiefe zu stürzen, war völlig unbegründet gewesen. Von jetzt an würde ich mich, wo immer es nötig war, sorglos fallen lassen.

Ich beeilte mich, meiner Geflügelten, die eine solch schlechte Behandlung hatte über sich ergehen lassen müssen, anstatt mit Leckerbissen gefüttert zu werden, erneut auf die Spitze des hohen Halmes zu folgen. Von irgendwoher stürmten gleich fünf Arbeiterinnen herbei, ihr behilflich zu sein. Sobald sie oben war, reckte und spreizte sie anmutig und doch kraftvoll ihre glänzenden Flügel – und stieg auf in die schimmernde Luft. Wie auf ein gemeinsames Startsignal taten es ihr Hunderte und Tausende nach. Ich hatte den Eindruck, als sei der ganze Luftraum über uns erfüllt mit geflügelten Paaren, die sich schwankend und taumelnd unseren Blicken und unsere Empfindungen entzogen.

Entschwunden, fort, nicht mehr da. Wir ungeflügelten Arbeiterinnen erholten uns von den Aufregungen in aller Ruhe. Der Tag war zum Feiertag erklärt. Später aber hieß es „aus den Augen, aus dem Sinn“. Dies bezog sich auf unsere Geflügelten und die aller Nachbarvölker im weiten Umkreis. Sie waren vergessen. Das Leben und das Tagewerk gingen weiter.

Doch ganz so schnell verschwanden die Heere der geflügelten Geschöpfe nicht aus meinen Gedanken. Die Männchen, die einen etwas schmaleren Körper aufweisen als die Weibchen, gingen jetzt elend zugrunde, aber welches Schicksal war den begatteten Jungköniginnen beschieden? Nicht wenigen von ihnen stand wohl ebenfalls der nahe Tod bevor. Sie versuchten, von einem Nachbarvolk aufgenommen zu werden. Das Glück, eine der Stamm-Mütter des Ameisenvolkes zu sein, ist nur wenigen beschieden.

Katastrophe: Tausende schwerverletzt oder tot

Über das Geschick der Jungköniginnen nachsinnend, stand ich müßig da, inmitten der hin- und hereilenden Arbeiterinnen. Die meisten schenkten mir kaum Beachtung. Jedoch geschah es in gewissen Abständen, daß man mich von der Seite anrempelte, mit dem Kopf anstieß, einfach über mich hinweglief oder mich mit den Fühlern betastete. Mit Ausnahme derjenigen, die mich als Steg benutzten, gaben mir die, welche mich berührten, wohl zu verstehen: „Komm mit, arbeite auch, tu' etwas!"

„Gut, ich komme mit dir", wollte ich gerade einer schmächtigen, kleinen Gefährtin in Gedanken antworten – als völlig unvermutet und auch unvorhersehbar ein schreckliches Unglück über uns hereinbrach.

Der Himmel über mir verdunkelte sich, ein gewaltiges Beben ließ die ganze Burg erzittern. Ein unerhörter Stoß schleuderte mich durch die Luft; ich landete auf dem Rücken, rappelte mich wieder auf und stand wie angewurzelt, vor Angst und Schrecken unfähig, mich zu bewegen. Neben mir krümmten sich verletzte und verstümmelte Arbeiterinnen. In der Burg vor uns gähnte ein Krater von beträchtlichem Ausmaß. Und

ebenso plötzlich, wie uns dieses unbekannte Inferno – die Ursache sollte ich erst später erfahren – getroffen hatte, war alles wieder ruhig.

Augenblicklich befand sich das ganze Volk in wilder Auf-

regung. In dichten Scharen strömten schnell Arbeiterinnen aus dem Burginnern heraus, um sich gemeinsam dem Feind entgegenzuwerfen. Da aber weit und breit kein Feind mehr vorhanden war, krümmten die Soldatinnen des gewaltigen

Ameisenheeres die Hinterleibspitzen nach oben. Über der Einbruchstelle schossen Hunderte von Giftfontänen in die Luft. Ein Bild geballter Verteidigungskraft. Der stechende Geruch der Ameisensäure förderte die Erregung der Kämpferinnen aufs neue. Jedoch beruhigten sie sich nach und nach; von einem Gegner fehlte jegliche Spur. Trotz dieser unbeschreiblichen Panik, in der wir uns alle befanden, erinnere ich mich deutlich, wie ich bebend eine große, schmale Arbeiterin anstarrte. Sie hielt sich aufrecht wie ein Mensch und reckte ihren Körper kerzengerade in die Höhe. Auf ihren vier hinteren Beinen stehend, drehte sie, wie die anderen, ihren Hinterleib nach oben, so daß ihr Gift senkrecht emporschoß. Ein unseliger Zufall wollte es, daß diese Kriegerin vom tödlichen Gift einer anderen Amazone getroffen wurde. Sie war auf der Stelle tot.

Rings um mich herum setzte von einer Sekunde zur nächsten eine hektische Betriebsamkeit ein. Arbeiterinnen zerrten und schleppten, was sich nur zerren und schleppen ließ – vor allem aber Gegenstände, die wie weiße Säcke aussahen, fast ebenso groß, wie die Arbeiterinnen selber. Ich wußte, daß es sich um Ameisenpuppen handelte, die durch das Unglück an die Oberfläche geschleudert worden waren und nun schleunigst in Sicherheit gebracht werden mußten.

Noch immer war ich wie gelähmt. Ich zitterte am ganzen Leibe – vor Schrecken, vor Zorn, vor Angriffslust? Ich wußte es nicht. Was sollte ich tun? Konnte ich irgendwem oder irgendwo helfen? Rat- und ziellos kletterte ich aufwärts, auf den Riesekrater zu, der jetzt den Gipfel der Burg teilte und viel größer war, als ich zunächst angenommen hatte.

Voller Entsetzen blieb ich vor einer elend zugerichteten Arbeiterin stehen. Ihr Hinterleib war zerquetscht, die Beine abgerissen, der Kopf samt Fühlern und Zangen unverletzt. Weil ich mich des Eindrucks nicht erwehren konnte, daß sie um Nahrung bat, überwand ich meinen Ekel vor ihren Verletzungen und trat auf sie zu, um ihr die letzte Mahlzeit ihres Lebens zu verschaffen. Kaum hatte sie meine Gabe verschluckt, als ihr verstümmelter Körper auch schon abrupt erstarrte.

Das Experiment, in den Körper einer Ameise zu schlüpfen und kurze Zeit unter diesen Tieren zu leben, hatte ich mir als aufregend, interessant und einmalig vorgestellt. Solchen Eindrücken aber, wie ich sie hier empfing, war ich nicht gewachsen. Benommen setzte ich mich auf einen Stein, um die quälende Welle von Leid und Schmerz zu überwinden. Nichts wünschte ich mir in meiner Verzweiflung mehr, als das Auftauchen eines Unfallwagens, das Ertönen des Martinshornes, Blaulicht, Retter. Hier gab es keinen Arzt, kein Rotes Kreuz, keinen Rettungshubschrauber. Der Tod hatte seine Ernte gehalten. Sollten die Überlebenden zusehen, wie sie das Rad des Lebens wieder in Bewegung setzten.

Dicht vor meine Füße stürzte plötzlich ein regloser Körper herab – eine äußerlich unverletzte Arbeiterin. Ihr Kopf ruhte in ergebener Haltung auf ihren zusammengeknickten Vorderbeinen. Die Fühler hielt sie hinter dem Kopf zurückgeschlagen, den Hinterleib leicht eingebogen. Als ich um sie herumging, entdeckte ich den gelben Puder, der noch an ihren Beinen haftete. Ich befühlte und betastete sie eingehend. Ja, sie war es. Vor mir lag jene Arbeiterin, die mir das erste Essen geschenkt hatte, da gab es keinen Zweifel. Grausen und Entsetzen schüttelten mich. „Vater, Jens, könnt ihr mir denn nicht helfen, damit wir meine erste Ameisen-Freundin retten?“ hätte ich schreien mögen. Aber es gibt keine Brücke von den Menschen zu den Ameisen, Verständigung ist ausgeschlossen. Warum lag sie so steif vor mir auf dem Boden? Während ich den Blick nicht von ihr wenden konnte, bewegte sie langsam ihr mittleres rechtes Bein, streckte es im Zeitlupentempo aus, zog es wieder ein. Heftige Zuckungen versetzten das linke Vorderbein in wildes Zappeln. Dieser Unruhe folgte eine unnatürliche Starre. Weil ich ihr doch nicht helfen konnte, streichelte ich sie ein letztes Mal zärtlich und wandte mich zum Gehen.

Schritt für Schritt wanderte ich tiefbetrübt am Krater entlang. Mir bot sich ein Bild der Verwüstung. Ich grübelte und zerbrach mir den Kopf, was denn eigentlich passiert sein mochte, fand aber keine Erklärung. Später berichtete mir Vater, der gerade den Beobachtungsposten besetzt hielt, daß er seinen Augen nicht getraut habe, als urplötzlich aus dem Unterholz des Waldes eine Wildschweinfamilie aufgetaucht sei. Eines der Tiere habe ganz unerwartet die Gruppe verlassen und sei in Windeseile auf meine Ameisenburg zugerannt. Er, Vater, habe laut gerufen und dabei in die Hände geklatscht; so sei wohl noch schlimmeres Unheil vermieden worden. Daß das graue Borstentier jedoch mit seinem Kopf ein kleines Loch in die Burg riß – Vater nannte den breiten Krater ein kleines Loch! – hätte kein Mensch auf der Welt mehr verhindern können, so rasend schnell habe sich alles abgespielt. Der kleine Sender auf meinem Rücken habe jedoch noch gefunkt und ihn davon überzeugt, daß mir nichts passiert sei. Jedenfalls habe das Wildschwein, von Vaters Geschrei in helle Panik versetzt, schleunigst das Weite gesucht. Und er erwähnte noch, daß Wildschweine tatsächlich hin und wieder in Ameisenburgen herumwühlen, weil sie nach fetten Käferlarven suchen, die dort hausen.

Rat- und mutlos kroch ich weiter, ohne recht zu wissen, wohin. Und wieder stand ich vor einer der unzähligen Verstümmelten: Ihr fehlten beide Fühler. Ohne ihre Fühler hatte sie jetzt keine Möglichkeit mehr, sich zu orientieren. Sie konnte nichts mehr fühlen, riechen, wahrnehmen und ertasten. Wen sollte dieses hilflose Wesen ohne seine Fühler um Nahrung bitten, wie sollte sie selbst etwas Eßbares erjagen? Würde sie verhungern oder sich das Genick brechen? Auch für diese Unglückliche gab es keine Hilfe. Torkelnd, jeder Orientierungsmöglichkeit beraubt, verschwand sie schließlich hinter den Trümmern. Auf derartig grausige Anblicke war ich nicht vorbereitet. Mit schlotternden Gliedern stand ich da, gezwungen, immer neues Unglück mit ansehen zu müssen. Als Mensch hätte ich heulen, mich meiner Verzweiflung hingeben, mir irgendwie Luft verschaffen, vor allem aber den anderen helfen können. Als Ameise fand ich dazu keine Möglichkeit. Ich fühlte mich allein, verlassen und hilflos. Meine Kraft war restlos verbraucht.

Für mich gab es nur noch eines: den Versuch abbrechen, um diesem Unglücksort zu entrinnen. So rasch mich meine sechs Beine noch tragen konnten, wandte ich mich ab von der Trümmerburg, um eines der von Jens aufgestellten Glashäuschen aufzusuchen. Hier würde ich Zeichen geben, daß Vater mich in meiner menschlichen Gestalt wieder erwachen ließ.

Aber es sollte ganz anders kommen. Auf meinem Rückzug zum Glashäuschen begegneten mir – außer den schon erwähnten kampfbereiten Soldaten – erstaunlich viele unverletzte Arbeiterinnen, die während des Unglücks im unbeschädigten Teil der Burg ihren Beschäftigungen nachgegangen sein mußten. Bei jedem Schritt, den ich tat, wurden es mehr. Ich lief als einzige gegen den Strom. Viele, die mir entgegenkamen, gaben mir in der Fühlersprache zu verstehen „Komm mit", „Hilf uns arbeiten". Ich wurde so häufig zum Umkehren aufgefordert, daß in mir das Gefühl aufstieg, hier an Ort und Stelle gebraucht zu werden. Nein, ich durfte nicht weglaufen! Außerdem wirkte das aufregende Rennen und Trippeln ansteckend auf mich, genau so, wie ein Schaf sich nicht einfach von einer Herde absondern kann: es folgt dem Herdentrieb.

„Nein und nochmals nein!" sagte ich mir. „Es wäre eine Gemeinheit, sich einfach davonzumachen. Ich will mithelfen, was es auch immer mitzuhelfen gibt. Ihr habt mich überzeugt." Langsam machte ich kehrt und lief mit in der dichten Kolonne, die sich inzwischen gebildet hatte. „Wir helfen alle mit!" – So lautete die Devise, die mir zusammen mit dem leckeren Essen, das ich mir gerade hatte verabreichen lassen, ungeahnte Kräfte verlieh.

Von dem Plan, den Vater, Jens und ich in allen Einzelheiten aufgestellt hatten, war so gut wie nichts mehr übriggeblieben: 1. Füttern lassen, 2. Kurze Erkundigungen, 3. Sofortiger Besuch des Burginnern, 4. Königinnen beobachten, 5. Kinderpflege studieren, 6. Jagdausflug – und so weiter und so weiter. Es erwies sich als richtig, daß wir eine Änderung des Planes, falls erforderlich, gleich mit einkalkuliert hatten. Im Grunde sollte ich mich verhalten, wie es gerade nötig erschien. Und jetzt war es eben sehr nötig, daß ich den anderen half. Auf welche Art und Weise, würde ich schon noch erfahren.

Die Ameisennation beim Wiederaufbau

Am Rand des Kraters schien es, als sei das ganze Ameisenvolk angetreten, um gemeinsam den zerstörten Teil der Burg wieder aufzubauen. Zwar wußte ich, daß sich die Ameisen so und nicht anders verhalten. In diesem Falle aber, da ich mich mitten unter ihnen befand, war ich zutiefst beeindruckt. Von einem Augenblick zum andern gingen alle geschwind und zielbewußt an die Arbeit.

Wie würde sich eine solche Szene wohl bei den Menschen abspielen? Eine ernsthafte Frage. Da fänden zunächst langwierige, zeitraubende Beratungen statt. Die Architekten müßten Pläne anfertigen, nach denen die zu verrichtende Arbeit aufs genaueste verteilt würde. Da gäbe es Aufseher und Vorarbeiter bis hinunter zu den Hilfskräften. Bestimmt aber verginge viel Zeit, bis alles genehmigt wäre und endlich mit dem Wiederaufbau oder Neubau begonnen werden könnte. Hinzu käme das Hindernis der Spezialisierung. Denn die Menschen haben fast immer nur einen Beruf. Ganz anders verhält sich die Sache bei den kleinen, flinken Bewohnern der Ameisenburg. Ein Unglücksfall kann der Grund dafür sein, daß jeder jede Arbeit verrichtet. Ameisen sind Allzweck-Spezialisten. Praktisch können alle alles.

Welchen Berufen mochten die vielen hundert Arbeiterinnen für gewöhnlich nachgehen, die sich jetzt so fleißig dem Wiederaufbau widmeten? Sicher halfen hier Ameisen, die sonst mit dem Innendienst in der Brut- und Kinderpflege und der Betreuung der Königinnen, dem Bau des Burginnern, der Abfallbeseitigung und anderem beschäftigt waren. Mit großer Wahrscheinlichkeit waren auch Außendienstarbeiterinnen herbeigeeilt – Jägerinnen und Beuteträgerinnen, Honigtausammlerinnen, Kundschafterinnen, Wächterinnen, Sammlerinnen von Baumaterial und Angehörige anderer Berufe.

In dieser Stunde gab es nur noch Bauarbeiterinnen. Alles lief ab, als hätten sie die ungewohnte Zusammenarbeit schon viele Male eingeübt. Allerdings entging mir nicht die „Beratung" einiger Tiere in meiner Nähe, die sie in ihrer Fühlersprache ausführten. Dies bedeutete vielleicht soviel wie: „Ich schlage vor, an dieser Ecke weiterzubauen."

Vorhin hatte ich mich insgeheim noch gefragt, welche Arbeit ich zu übernehmen hätte. Mit dem theoretischen Wissen, das ich mir angeeignet hatte, war hier wenig auszurichten. Doch jetzt löste sich dieses Problem wie durch Zauberei von selbst. Ich tat die gleiche Arbeit wie meine Genossinnen und half beim Ausräumen der eingestürzten Wände, Gänge und Kammern.

Natürlich fiel mir dabei ein, wie Jens und ich uns bei unseren Studien über das Leben der Ameisen oft gegenseitig abgefragt hatten. Konnte man die Antworten nur so herunterrasseln, so war man sicher, dieses Wissen fest in den Gehirnschubladen eingelagert zu haben. Jens fragte zum Beispiel rasch und unvermittelt: „Lara, sag' mir bitte etwas über den Aufbau der Burg." Ich antwortete dann wie aus der Pistole geschossen:

„Die Burg ist an einem alten Baumstumpf angelegt, der fast immer zu einem dichten Gang- und Kammersystem ausgenagt ist. In diesen untersten Kammern wohnen die Königinnen; dort werden auch die Eier gelagert. Über dem Baumstumpf und um ihn herum befindet sich eine Kuppel aus grobem Baumaterial, meist längeren, locker geschichteten Aststückchen, die eine Unmenge Hohlräume und Kammern bilden. Diese Kuppel wird von einer dicken Schicht aus feinem, dicht geschichtetem Material, aus Kiefern- oder Fichtennadeln, kurzen Grashalmstückchen, Holzmulm, Harzklümpchen, kleinen Steinchen oder Schneckenschalen umgeben. So entsteht eine dichte, stärkere Deckschicht, die vorzüglichen Schutz vor Durchnässung und Abkühlung gewährt. Zur Burg gehört weiterhin ein meist beträchtlicher unterirdischer Teil mit einer Vielzahl von im Boden ausgehöhlten Gängen und Kammern. Diese erstrecken sich nicht selten einen bis zwei Meter in die Tiefe, und einige Ausläufer der Gänge münden außerhalb des Kuppelbaues auf der Erdoberfläche. In der gesamten Burg herrscht ein sehr empfindlicher, aufs genaueste ausgewogener Klimahaushalt; die Temperaturen werden mit zunehmender Tiefe niedriger."

„Nicht schlecht, nicht schlecht", erwiderte Jens dann, mit näselndem Tonfall seinen Klassenlehrer nachahmend. „Und was geschieht, wenn in oder an der Burg Schäden entstehen, die Ausbesserungsarbeiten erforderlich werden lassen?"

„Bei Schäden an der Burg werden zuerst die Eier und Puppen von der Schadensstelle wegtransportiert und in Sicherheit gebracht. Der folgende Wiederaufbau geht in drei Bauabschnitten vor sich: zuerst das Ausräumen feinen Materials, dann der Einbau groben Materials, und schließlich das Aufbringen von Deckmaterial."

Doch nun zurück zu meiner Arbeit beim Bau. Mit viel Geduld, Ausdauer und Fleiß schafften wir die Trümmer hinweg. Dabei hatte ich das Glück, einer Leichtverletzten, die sich vor mir abrackerte, bei ihrer Arbeit zu helfen. Sie war mittelgroß und zart, aber doch kräftig. Ihr Körper glänzte sauber und stattlich, bis auf die Gegend, in der normalerweise das mittlere linke Bein sitzt. An der Stelle des Beines mußte sich, wie mir meine Fühler sagten, etwas anderes, Fremdes befinden. Neugierig wollte ich sie ganz aus der Nähe betrachten. Inzwischen war bereits eine dritte Gefährtin bei ihr angelangt, die wohl dieselbe Idee hatte wie ich. Die dritte, sagen wir, sie heißt Iris, ertastete an der linken Körperseite von – ich nannte sie Myrinda –, was ich ebenfalls jetzt entdeckte. Die bedauernswerte Myrinda hatte bei dem Unglück ihr linkes mittleres Bein verloren. Eine Schicht aus Erde und verkrustetem Sekret bedeckte die Wunde. Myrinda begriff rasch, daß Iris ihr helfen wollte. Sie legte ihre Arbeit nieder und hielt still. Iris begann behutsam, mit ihren Zangen die mit Erde vermischte Blutkruste zu entfernen. Nachdem Myrindas Körper vom gröbsten Schmutz befreit war, putzte Iris die letzten Verunreinigungen mit Hilfe der Kammbürsten ab, die sich an den Vorderbeinen der Ameisen befinden. Als Abschluß der ganzen Behandlung beleckte

Iris ausgiebig Myrindas linke Körperseite. Der feuchte Speichelbelag schützte die Wunde, hatte vielleicht sogar auch eine heilende Wirkung. Myrinda und Iris tauschten noch einige Fühlerzärtlichkeiten aus; dann wandten sie sich wieder ihrer Arbeit zu. Ich hatte den ganzen Vorgang genau beobachtet – er war für mich so gut wie ein „Lehrgang in Erster Hilfe".

Myrinda nahm jede Mühe auf sich. Trotz ihrer Behinderung angelte sie sich immer besonders große zerstörte Bauteile, um sie wegzuschleppen. Beim gemeinsamen Arbeiten versetzte sie mir ab und zu sanfte Fühlerschläge, ein kleiner Sympathiebeweis.

Nach und nach erlernte ich das Arbeiten mit körpereigenen Werkzeugen. Geschlossene Zangen ließen sich gleichsam als Schaufel benutzen, um leichte Erde oder Holzmulm beiseite zu schippen. Doch auch die Vorderbeine konnten als Grabewerkzeuge eingesetzt werden. Man lernt eben nie aus. Merkwürdigerweise kam es dabei auch vor, daß zwei Ameisen geradezu gegeneinander arbeiteten, die eine warf ihren ausgegrabenen Schutt genau in jenes Loch, an dem die andere emsig schaufelte.

Nachdem Hunderte den Schutt, auf Tausenden von Beinen rennend, weggeräumt hatten, ging man dazu über, grobes, starkes Baumaterial herbeizuschaffen.

Von den toten Angehörigen unseres Volkes war weit und breit nichts mehr zu sehen. Man hatte sie auf den „Ameisenfriedhof" abtransportiert – eine Stelle, die weit außerhalb der Burg liegt. Dort werden sie zum Beispiel von Vögeln gefunden, die am Boden brüten, und dienen ihnen als Nahrung.

Während meiner stillen Betrachtungen war Myrinda, die fleißige, lautlos verschwunden. Um sie wiederzufinden, wandte ich mich in die Richtung, aus der ganze Ameisenscharen das schwere Baumaterial herbeitrugen. Durch Abgucken hatte ich bereits gelernt: Handliche, leichte Gegenstände trägt man vorwärts gehend. Um schwere Lasten zu bewältigen, schaltet die Trägerin den Rückwärtsgang ein. Was sollte ich zur Baustelle tragen? Mal sehen. Das gelbe Ding da, von dem mir meine Fühler einen angenehmen, altbekannten Duft verrieten? Ich klemmte den großen, ansehnlichen Baustein aus Tannenharz zwischen meine Zangen, um damit in der Kette der anderen der Baustelle zuzustreben. Oben angelangt, gönnte ich mir eine kleine Verschnaufpause. An, wie mir schien, passender Stelle legte ich meinen Baustein ab – das heißt, ich wollte ihn ablegen. Doch was ich auch anstellte, ich wurde ihn nicht los. Zu spät hatte ich bemerkt, daß er klebrig war. Ich konnte mich schütteln, wie ich wollte, der Baustein haftete fest an meinen Zangen. Weil er noch klebte, hatten die anderen, erfahrenen Arbeiterinnen ihn wohlweislich unten liegengelassen! Ich hoffte nur, daß mich mein Bruder Jens nicht gerade jetzt mit seiner Speziallupe beobachtete!

Mit vielen Verrenkungen mühte ich mich ab, diesen verflixten Baustein loszuwerden. Aber je mehr ich riß und zerrte, desto fester saß das Ding. Mein anhaltendes Gezappel erregte die Aufmerksamkeit der in meiner Nähe arbeitenden Ameisen. Eine von ihnen eilte herbei, um mich zu säubern. Und tatsächlich gelang es ihr, mich zu befreien. Jedoch der tückische gelbe, klebrige Baustein rächte sich, indem er an meiner Helferin kleben blieb. Jetzt

verfiel auch sie in die ulkigsten Zappeleien. Da kam auch schon eine dritte, um Hilfe zu leisten. Was soll ich lange erzählen – der gelbe Baustein ging sozusagen wie bei einem Gesellschaftsspiel reihum. Dabei wurde der Klebstoff nach und nach mit so viel Erde bedeckt, daß er schließlich nicht mehr haftete.

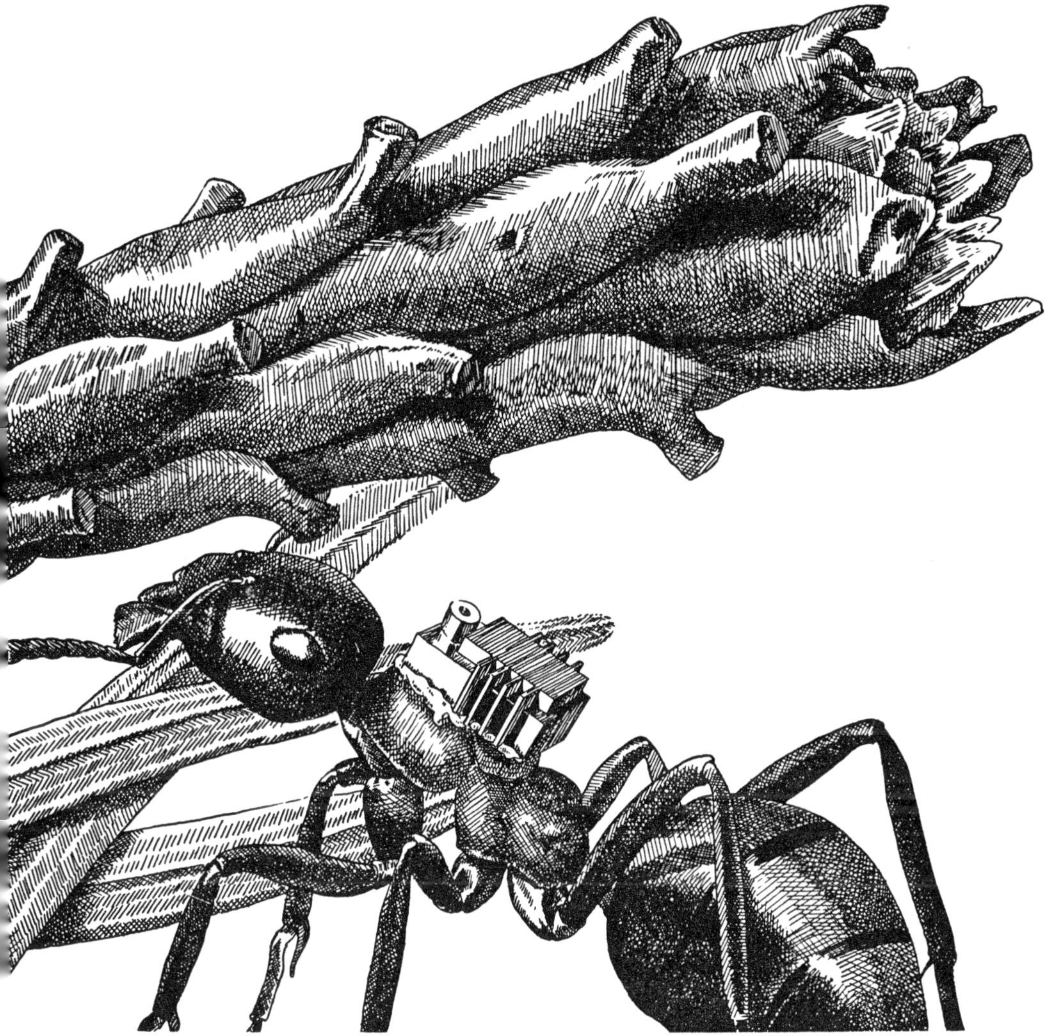

Gerade hatte ich mich entschlossen, einen dicken Ast hinaufzutragen, als ich rasch den Kopf einziehen und mich an den Boden ducken mußte. Über mir schwebte ein kolossaler Holzbalken, der in den mächtigen Zangen einer Superameise hing. Sie schuftete ganz allein an dem sperrigen Bauholz. Obwohl ich wußte, daß Ameisen in der Lage sind, so ungeheure Lasten zu bewegen, sah ich ungläubig zu. Hier galten andere Naturgesetze. Das Bauholz, das gerade so gefährlich über mir hing, war schätzungsweise siebenmal so lang wie die Trägerin. Kurz entschlossen half ich beim Transport. Die starke Ella, diesen passenden Namen gab ich ihr, zerrte, rückwärts gehend, langsam ihre Last den Burgberg hinauf. Ich stellte mich dicht neben sie, öffnete meine Zangen und wollte gerade so richtig zupacken. Doch ich griff daneben, denn im selben Augenblick hatte Ella das Bauholz schon ein Stückchen höher und seitlicher gezogen. Irgendwie konnte ich meinen eigenen Schwung nicht mehr auffangen, ich rutschte ab, klammerte mich ausgerechnet am besagten Bauholz fest und kletterte daran hoch. Ella hob den schweren Balken mitsamt meiner Wenigkeit in die Höhe, so daß ich wie auf einem Elefanten daherritt. Schnell ließ ich mich fallen.

Beim zweiten Versuch stellte ich die Sache geschickter an und postierte mich einige Körperlängen von ihr entfernt neben dem Bauholz. Packte an – und zog. Daß ich in eine andere Richtung zog als Ella, merkte ich schnell; ich rannte auf die gegenüberliegende Seite und packte nochmals an. Siehe da, wir arbeiteten gemeinsam. Schließlich langten wir nach übergroßer Kraftanstrengung oben an. An einer bestimmten Stelle hätte unser Bauholz meiner Meinung nach die ideale Verwendung gefunden. Doch Ella teilte meine Ansicht offensichtlich nicht. Bis hierher hatte sie es – mit meiner geringen Hilfe – geschafft, und genau hier ließ sie es liegen. Mochten doch die anderen sehen, wie es am günstigsten einzubauen sei. Ella glaubte sicher, ihre Pflicht getan zu haben; jedenfalls machte sie kehrt und verschwand.

Hin und wieder schien mir die Arbeitsweise mancher Gefährtin dem Grundsatz zu folgen: „Warum einfach, wenn's auch umständlich geht?" Jedenfalls nahmen sie sich zu allem ausgiebig Zeit. Die haben sie ja auch. Wie sehr muß sich beispielsweise so eine Biene abrackern, obwohl sie nur vier bis sechs Wochen zu leben hat. Die Arbeiterinnen unseres Volkes dagegen erreichen das hohe Alter von vier bis sechs Jahren und mehr. Ganz zu schweigen von einer Königin – sie kann fünfundzwanzig Jahre alt werden.

Entscheidung über Leben und Tod: Schicksal einer Königin

Überhaupt Königinnen! Sie sollten der nächste Punkt meines Programms sein. Ich legte mir einen schönen Plan für einen Besuch in den Tiefen der Burg zurecht. Immer die Richtung nach unten einhalten, dachte ich, dann würde ich die Stammütter der Ameisen schon nicht verfehlen. Dennoch plagten mich Zweifel. Fand ich mich allein in der dunklen Burg zurecht? Schließlich kam mir der Zufall zu Hilfe.

Auf der Suche nach einem Eingang wurde meine Aufmerksamkeit auf eine wilde Rauferei gelenkt. Etwa zehn Arbeiterinnen mochten in das Gebalge verwickelt sein. Zwischen ihnen glänzten Flügel auf. Zwei der am Massenringkampf beteiligten Arbeiterinnen entfernten sich gelangweilt vom Schauplatz, so daß ich freien Blick auf das Geschehen erhielt. Man hatte eine Jungkönigin ergriffen. Würde sie in unsere Burg aufgenommen oder nicht? Deutlich erkannte ich, daß die meisten Arbeiterinnen damit nicht einverstanden waren. Mir gefiel sie auch nicht; ihrem Körper entströmte ein fremder Geruch. Sie entstammte also nicht unserer Burg. Eine Entscheidung gegen ihre Aufnahme kam einem sicheren Todesurteil gleich, das war mir klar. Königinnen leben stets in einer bestimmten Anzahl bei uns. Es werden immer nur wenige aufgenommen. Sterben alte weg, dürfen junge ihren Platz einnehmen. Deshalb kommt es nie zu einer Bevölkerungsexplosion. Infolge der jährlichen Verjüngung der Königinnen scheint ein Volk wie das unsrige praktisch unsterblich.

Durch die unfreiwillige Berührung mit unseren Arbeiterinnen hatte die junge Königin inzwischen eine Art Mischduft angenommen. Um der Sache ein wenig nachzuhelfen, strich ich ein paarmal dicht an ihrem Körper entlang, damit sie ordentlich viel von unserem Körperduft abbekam und von den Unsrigen anerkannt würde. Die Laune des Schicksals und meiner Gefährtinnen wandte sich zum Besseren, und man begann sie sanft zu streicheln.

Die Jungkönigin hatte nach ihrem Hochzeitsflug eine schwere Zeit hinter sich. Wie lange mochte sie umhergewandert sein, bis sie auf unsere Burg stieß? Dabei wurde ihr großes Glück zuteil, sie begegnete in uns Ameisen der gleichen Rasse. Eine fremde Ameisenart hätte ihren sicheren Tod bedeutet. Die meisten Jungköniginnen irren umher, ohne jemals ihr Ziel zu erreichen. Sie fallen Vögeln und anderen Feinden zum Opfer.

Nachdem die wichtige Entscheidung zu ihren Gunsten gefallen war, machten wir uns bereit, sie in die Burg zu geleiten. Eine passendere, bessere Gelegenheit hätte ich mir gar nicht wünschen können. Zufrieden schloß ich mich dem Geleitzug der jungen Stammutter an. Wir strebten einem besonders großen Eingang zu, die Jungkönigin in unserer Mitte haltend. Obwohl mich das Geschehen ringsumher vollauf beschäftigte, wurde ich mit jedem Schritt, der mich dem Burgeingang näherbrachte, unruhiger. Wie sah es drinnen aus? Konnte ich mich in der völligen Dunkelheit zurechtfinden? Sobald ich im Eingang verschwand, bestand kein Blickkontakt mehr mit Vater oder Jens. Nur der kleine Sender auf meinem Rücken verriet meinem Bruder und meinem Vater, wo ich mich aufhielt und daß ich noch lebendig durch die Ameisenwelt krabbelte.

Weil wir nicht als einzige Besucher dieses Burgtor passierten, sahen wir uns genötigt, zahlreichen Arbeiterinnen auszuweichen. Vier meiner Begleiterinnen erklommen kurzerhand die Decke des Eingangs, um ungehindert hineinmarschieren zu können. Rasch ahmte ich sie nach. Drinnen ertappte ich mich dabei, wie ich unwillkürlich in geduckter Körperhaltung dahinschlich. Irgendwie kam ich mir vor wie ein junger Hund, der sich zum erstenmal witternd in einen Fuchsbau wagt.

In dem langen Gang, der uns aufgenommen hatte, wurde es immer dunkler. Mit den Augen konnten wir in dieser Finsternis so gut wie nichts mehr sehen. Trotzdem bewegten wir uns sicher, als hingen überall Lampen. Wollte ich mein Empfinden genau beschreiben, so muß ich sagen: Es gab überhaupt keinen Übergang von Sehen zum Nichtsehen. Nachdem meine Augen ihre Aufgabe mangels Licht nicht mehr erfüllen konnten, ging das Kommando des Bewegungsapparates automatisch über an die äußeren Sinnesorgane meiner Fühler, Beine, ja des ganzen Körpers. Ohne die Spur einer Unsicherheit fanden wir unseren Weg.

Glaubte ich eben, in einer fremden, unwirklichen Welt, einer Höhle, zu sein, erschien mir bereits nach wenigen Schritten die Umgebung irgendwie bekannt. Rascher, als ich dachte, umflutete mich das angenehme Gefühl des Geborgenseins. Die Vorstellung, sich in diesem Labyrinth von Gängen hoffnungslos zu verlaufen, existierte einfach nicht mehr.

Ein dichtes Straßensystem mit unzähligen Wegkreuzungen zog sich durch die Burg. Unser Trupp eilte an drei Bauarbeitern vorbei. Dies bemerkte ich, nachdem ich sie nacheinander kurz betastet hatte, um herauszubekommen, weshalb sie nicht weitergingen. Sie besserten den Gang aus. Nun aber schnell hinter den Begleiterinnen unserer Jungkönigin her, damit sie mir nicht entwischten! Waren sie in den Gang rechts oder in den auf der linken Seite eingebogen? Links, ja, da mußten sie sein. Eilig schloß ich mich ihnen wieder an. Wir zockelten gemächlich hinter einander her. Eigentlich hätte unser Weg doch steil nach unten führen müssen, die Königinnen wohnen schließlich tief in den unteren Kammern. Aber vielleicht zogen sie es vor, mit der Königin erst einen kleinen Umweg zu unternehmen, warum auch nicht?

Unser Konvoi hielt an. Wie mir schien, in einer geräumigen, mehr oder weniger leeren Kammer. Was sollte die Jungkönigin in diesem Raum? Allmählich verstand ich gar nichts mehr. Die Leibwächtergruppe zerrte die vermeintliche junge Königin recht unsanft in diese Kammer und machte Anstalten, sie auseinanderzureißen! Entsetzt wollte ich mich von diesen Kannibalen abwenden, aber meine Neugier zwang mich, die Sache näher zu beriechen. Es duftete geradezu unwiderstehlich, gestand ich mir ein. Aber was mußte ich ertasten? Es war gar nicht die Jungkönigin, sondern ein totes Beutetier, das man eben fachgerecht zerteilte. Ich war vorhin an der Kreuzung dem falschen Konvoi gefolgt!

Weil ich in meinem Wissensdurst auffällig herumtastete, hielt man mich für sehr hungrig. Eine fürsorgliche Kameradin schob mir deshalb ein Stück frischen Fleisches hin, das verlokkende Düfte ausströmte. Ich verzehrte den Bissen und tröstete mich damit in meinem Ärger über mich selbst und mein Mißgeschick. Schon vor Beginn meines Abenteuers hatte ich mich des öfteren gefragt, wie das Fleisch frisch erlegter Beutetiere wohl schmecken mochte, und ob ich es ungekocht und ungebraten, wie es war, überhaupt hinunterbringen würde. Nun, es schmeckte gar nicht so übel, und ich brachte es hinunter – und zwar ohne groß zu überlegen.

Die Jungkönigin war inzwischen sicherlich längst in einer der unteren Kammern der Burg untergebracht. In der Hoffnung, sie vielleicht dennoch wiederzufinden, stürmte ich durch die Gänge – und fand mich plötzlich wieder draußen im Freien. Enttäuscht machte ich kehrt, um abermals in die Burg hineinzuhuschen.

Aus Seitengängen rechts und links hasteten unentwegt Arbeiterinnen an mir vorbei. Der Tunnelgang, den ich verfolgte, führte glücklicherweise ziemlich steil hinab. Er endete tief unten in einer geräumigen Kammer. Erfreut nahm ich zur Kenntnis, was meine Fühler meldeten: eine Jungkönigin war in der Nähe. Ob es sich um dieselbe handelte, der ich im Getümmel draußen schon begegnet war, ließ sich nicht mehr feststellen.

Die junge Königin wurde von ihren Begleiterinnen sanft in eine freie Ecke des Raumes geschoben. Hier würde ihr Wohnplatz sein, um getreulich dem Volk zu dienen, Tag für Tag – außer in der kalten Jahreszeit – damit beschäftigt, bis zu zehn Eier abzulegen. Für diese Leistung würde sie reich belohnt werden: mit einer sicheren und geschützten Wohnung, einer ganzen Schar Pflegerinnen und erstklassigem Essen.

Ich beschloß herauszufinden, wie sich die künftige Stammutter, der ich den Namen Martha gab, verhielt. Gerade in diesem Moment traf ich meine Freundin Myrinda wieder, die infolge des Unglückes oben auf der Burg ohne ihr linkes mittleres Bein durchs Leben eilte. Sie ging auf Martha zu, um ihr behilflich zu sein. Prüfend stellte ich mich Myrinda in den Weg, um zu erfahren, wie sie reagierte. Erkannte sie mich wieder? Myrinda blieb ihrerseits stehen und betastete mich. Das Abtasten ging augenblicklich in ein zärtliches Streicheln über.

Inzwischen war mir auch klargeworden, was unter instiktiver Handlungsweise der Ameisen zu verstehen ist. Marthas angenehmer, kräftiger Körperduft löste in uns Arbeiterinnen, die ihre Pflegerinnen waren, starke Handlungstriebe aus. Wir streichelten sie und begannen, ihren Körper, der etwas größer war als unser eigener, gründlich zu reinigen. Ihrer Flügel hatte Martha sich bereits draußen vor der Burg entledigt, sie benötigte hier unten keine mehr. Die Flügel einer Königin sind von vornherein so angeordnet, daß sie sich nach dem Hochzeitsflug abbrechen lassen.

Myrinda, die geübte, verhalf der sich beruhigenden Martha zu einer Mahlzeit. Möglicherweise hatte Martha seit ihrem

Hochzeitsflug keine Nahrung zu sich genommen. Darum bestand natürlich Nachholbedarf.

„Nun wollen wir sehen, ob und was du zustande bringst", dachte ich und ging um Martha herum. Sie hatte mit Hilfe einiger Arbeiterinnen eine kleine Bodenvertiefung ausgegraben und darin drei Eier abgelegt, die für menschliche Größenverhältnisse etwa wie Salzkörner aussahen. Myrinda eilte herbei und nahm die Eier auf, um sie in eine andere Kammer zu tragen. Ich folgte ihr. Sie gelangte zuerst in einen kleinen Raum, der, wie ich deutlich ertastete, ganz und gar mit Eiern angefüllt, für uns also nicht geeignet war. Zielsicher suchte sie einen Ort, der mehr Platz für Marthas Eier bot. Hier erhielten die Ameiseneier die erforderliche Spezialbehandlung: Sie wurden mit Speichel überzogen und gewendet.

Die winzigen Eier bedurften unbedingt unserer Pflege. Der Speichelbelag bewahrte sie davor, faul oder schimmelig zu werden. Außerdem klebten sie auf diese Weise zu kleinen Paketen zusammen, so daß man sie bequemer und in größeren Mengen zwischen den Zangen transportieren konnte. Unser Speichel, der gewisse Nahrungstoffe enthält, trägt wohl auch zum Wachstum der Eier bei.

In diesem Bereich der Burg gab es unzählige mit Eiern angefüllte Kammern. Demzufolge war auch ein Heer von Arbeiterinnen nötig, das sich ausschließlich mit der Hege und Pflege der Eier beschäftigte. Welch sinnvolle Einrichtung, daß die Ameisen vom Innendienst sich nicht gleichzeitig draußen um ihre Ernährung bemühen müssen! Für den Lebensunterhalt sorgten verläßlich die Heerscharen des Außendienstes.

Meinen Kolleginnen schien es angebracht, die Eier aus diesem Raum in einen kühleren zu tragen. Dort herrschte, so glaube ich auch, eine höhere Luftfeuchtigkeit.

Eier hierhin, Eier dorthin. Tagsüber, bei Sonne, trugen wir sie nach oben. Nachts, oder wenn es heiß wurde, tief in die Erde hinab. Bei solch ausgezeichneter Pflege schlüpfen nach etwa dreizehn Tagen die kleinen Larven aus den Eiern.

Hilflose Kinder – gut ernährt, umsorgt und verteidigt

Mittlerweile war ich daran interessiert, die jungen Larven kennenzulernen. Die albernen Bedenken, die mich in der Zeit vor unserem Experiment manchmal geplagt hatten und von denen ich Vater und Jens natürlich kein Sterbenswort gesagt hatte, waren jetzt vergessen. Um es einzugestehen: Ich hatte mich vor dem Anblick der Larven gefürchtet. Alles, was wie ein Wurm aussah, versetzte mich – völlig unsinnigerweise – in Panik. Wenn ich beispielsweise beim Salatwaschen ein harmloses Würmchen entdeckte, pflegte ich einen Schreckensschrei auszustoßen, der dann in der Regel meinen lieben Bruder Jens auf den Plan rief. Begriff er, was los war, konnte ich damit rechnen, daß er eine Riesenschau abzog. Scheinbar fürsorglich trug er dann mit todernster Miene das Tierchen auf einem Salatblatt in den Garten, um ihm dort in weithin vernehmbarer Lautstärke eine Standpauke zu halten: „Kleiner, gefährlicher, unheimlicher, schrecklicher Wurm – wie kannst du es wagen, meine mutige Schwester Lara zu erschrecken? Kriech mir aus den Augen, du entsetzliches Ungetüm!“ Danach schwor ich mir jedesmal, nie mehr solch ein Aufhebens zu machen.

Myrinda stupste mich während unserer Arbeit mehrmals mit dem Kopf an und erzählte mir etwas mit ihren Fühlern. „Aha, das also wolltest du mir sagen“, antwortete ich in Gedanken und untersuchte mit den Fühlern das vor uns liegende, leicht gekrümmte Ei. Es war bereits aufgeplatzt. Sein kleiner Bewohner mühte sich redlich, daraus hervorzuschlüpfen. Nachdem es ihm gelungen war, lag ein kleines, völlig hilfloses Geschöpf vor mir. Und so etwas wollte einmal eine richtige Ameise werden! Bei ihrem jetzigen Aussehen fiel es schwer, es der kleinen Larve zuzutrauen. Ihr Körperchen setzte sich aus Ringen zusammen, die am Hinterleib erweitert waren und nach vorne hin in einen schmalen Hals mit der Mundöffnung ausliefen. Das Ganze war dicht mit Haaren und gekrümmten Borsten besetzt. Dadurch wird, wie ich wußte, ein Zusammenhalt mehrerer Babys ermöglicht, so daß die Arbeiterinnen gleich ganze Larvenpakete tragen können.

Myrinda dachte offenbar praktisch. Vorsichtig nahm sie das Baby zwischen ihre Zangen, um es zu den anderen zu tragen. Wir erreichten eine geräumige Kammer, besser gesagt, eine große Kinderzimmerhöhle, die eine ganze Schar frisch geschlüpfter, aber auch einige größere Larven beherbergte. Dicht gedrängt lagen sie beieinander. Diese Wesen haben weder Beine noch Fühler, noch Augen: Sie sind nicht imstande, sich selbständig fortzubewegen, und sind in ihrem Gedeihen ganz und gar von der Pflege der Arbeiterinnen abhängig. Beim Abtasten dieser Kinderstube überfiel mich ein starkes Gefühl der – ja, ich würde sagen: der mütterlichen Fürsorge. Ich konnte einfach nichts anderes tun, als bei der Brutpflege mitzuhelfen.

Wie Myrinda und die anderen erwachsenen Gefährtinnen machte ich mich daran, die kleinen Dinger sauberzulecken. Als ich Jens später davon erzählte, rümpfte er die Nase und meinte, eine solche Arbeit wäre ihm zu unappetitlich gewesen. Wenn ich jetzt darüber nachdenke, gebe ich ihm recht. Als Ameise jedoch fand ich dieses Belecken nur natürlich.

Mit der ausgiebigen Körperpflege unserer Kleinen beschäftigt, fragte ich mich, wann sie gefüttert werden. Ich sollte es bald erfahren. Während die Larvenbabys in den vorderen Reihen ruhig dalagen und zu schlafen schienen, spürte ich meinen Pfleglingen eine Unruhe an. Sie hoben leicht ihre kleinen Köpfchen – die ja eigentlich noch gar keine Köpfchen sind, sondern fast nur aus dem Mundteil bestehen – und gaben so deutlich zu verstehen: „Wir haben Hunger." Das Hungergefühl wirkte offenbar ansteckend, es breitete sich augenblicklich durch das ganze Kinderzimmer aus. „Ja, ja, ihr kriegt alle was – aber mir fehlt die Gebrauchsanweisung zum Füttern." Wieder war Myrinda meine Lehrmeisterin. Sie beugte sich über ihren Schützling, der sein Köpfchen erhoben hatte, pumpte einen Nahrungsballen aus ihrem Schenkmagen, ließ ihn vor ihrem Mund erscheinen und hielt ihn direkt an die Mundöffnung der Larve, die nur noch zu schlucken brauchte. Rasch eilte ich zu meinen hungrigen Kleinen zurück, um ihnen auf die gleiche Art ihr Essen zu verabreichen.

Ich drehte mich um und staunte: Der Kinderhort war inzwischen halb leergeräumt. Myrinda und die anderen Pflegerinnen mühten sich, die kleinen Larven bündelweise in eine andere Kammer zu bringen, in der es wahrscheinlich wärmer und vor allem feuchter war. Vorsichtig nahm ich vier der friedlich daliegenden kleinen Dinger zwischen meine Zangen, um sie hinter den anderen herzutragen. Kaum war diese Arbeit vollbracht, als ein scharfes Signal durch die Burg drang. Alarm, Alarm, Alarm! Sofort ließen viele Ammen ihre Arbeit und die Kleinen im Stich, um kampfbereit durch die Gänge zu hasten. Hunderte und nochmal Hunderte rannten hinauf, bereit, unter Einsatz des eigenen Lebens Volk und Burg zu verteidigen. Die Wachen oben an den Eingängen mußten irgendeine Gefahr erkannt haben. Sie waren daraufhin augenblicklich ins Innere des Baues geeilt, um mittels ihrer Fühlersprache, mit Kopf und Zangenstößen, die anderen Ameisen zu alarmieren. Der Alarm pflanzte sich dann in Windeseile durch Gänge und Kammern fort. Wir alle waren in Alarmbereitschaft versetzt, allerdings ohne zu wissen, in welcher Gestalt sich die Gefahr näherte. So schnell wir konnten, trugen wir die Larvenbabys – einige hoben noch immer hungrig ihre Köpfchen, von Alarm und Kampf verstanden sie nichts – in geschützte Kammern hinunter. Anschließend rannten wir kampfesmutig durch die mittlerweile fast leeren Gänge nach oben. Von weitem schimmerte helles Tageslicht durch den Tunnel, in den wir soeben einbogen, als die Flut der zurückkehrenden Burgbewohnerinnen uns aufhielt. Ihre Erregung schien abgeklungen zu sein, sie gaben uns zu verstehen, daß auch wir wieder unserer Arbeit nachgehen sollten, die Gefahr sei gebannt. So beruhigten wir uns denn ebenfalls und kehrten zum Kinderpflegedienst zurück.

Unheimliche Gäste

Allem äußeren Anschein nach lebten die winzigen Ameisenkinder in der Burg sicher und vor allen möglichen Gefahren geschützt. Doch ich wußte es besser. Das Gefühl der Geborgenheit, das auch mich so angenehm umfing, täuschte. Wo auf dieser Welt ist schon ein Geschöpf vor allen Gefahren des Lebens sicher? Nirgends. Feinde lauern überall, in welcher Gestalt auch immer. Diesem Naturgesetz zufolge war auch unsere Burg nicht frei von ungebetenen, teils harmlosen, teils aber auch höchst gefährlichen Gästen. Eigentlich hatte ich einem solchen Gast schon längst zu begegnen gehofft. Doch jetzt stand mir, ohne daß ich es ahnte, die Bekanntschaft mit einem unheimlichen Einmieter bevor: Sie fand, genauer gesagt, in einer Kinderkammer statt, wo ich mich nützlich machte.

Hier wurden außerordentlich zahlreiche Larven von auffallend wenigen Pflegerinnen versorgt, so daß ich gleich drei Babys auf einmal übernahm. „Seid ihr alle satt?" dachte ich und prüfte, wer noch sein Köpfchen hob. „Nanu, nur noch zwei? Wo ist denn das dritte geblieben?" Nach einer Minute angestrengtem Nachdenkens fand ich nur noch ein einziges Larventierchen an seinem Platz. Das unerklärliche Geschehen ging jedoch weiter. Unversehens stieß ich gegen etwas, nein, gegen jemanden, der im Begriff war, das Weite zu suchen. Als ich anfing, den Fremdling zu betasten, blieb er auffallend bereitwillig stehen und rührte sich nicht vom Fleck.

Beinahe wäre ich einer Täuschung erlegen: Meine Fühler ertasteten nämlich durchaus kein Tier, nichts Lebendiges. Ich hatte es nun mit einem völlig unbeweglichen, steinharten Ichweißnichtwas zu tun. Mosaikartig setzte ich mir ein Tastbild zusammen: länglicher Panzer, Unterseite, soweit ertastbar, recht glatt, Oberseite mit mehreren, unregelmäßig nach hinten verlaufenden Schrägleisten versehen, eine röhrenähnliche Öffnung. Jetzt hieß es umdenken. Bilder, die ich als Mensch kannte, mußten in meine Wirklichkeit ins richtige Größenverhältnis eingeordnet werden. Im Zeitlupentempo leuchteten bei mir sämtliche roten Sicherheitslämpchen auf. Ich stand vor einem Raubtier der Gefahrenstufe eins. Zum zweitenmal betastete ich das Individuum aufs sorgfältigste; selbst der leiseste Zweifel an seiner Identität schwand. In dem starken, köcherförmigen Panzer lauerte eine Larve des Käfers *Clytra quadripunctata.* Sie hatte sich unangreifbar in ihre Schutzröhre zurückgezogen. Um laufen zu können, muß die Larve ihr längliches, beinah birnenförmiges Gehäuse so weit verlassen, daß die sechs Brustfüße sich frei bewegen können. Bei der leisesten Berührung durch eine Ameise zieht sie sich sofort so tief zurück, daß im Gehäuse vorn ein beträchtlicher Teil freibleibt. Die Ameisen – wie beinahe auch ich – finden nun nichts Verdächtiges an dem unbeweglichen Ding. Dieser unheimliche Ameisengast verzehrt keine erwachsenen Ameisen, sondern macht sich über die Brut her.

Der Zorn, in den ich nach Ameisenart geriet, läßt sich kaum beschreiben, hatte der Unhold doch soeben zwei meiner kleinen Pfleglinge gefressen. Wutentbrannt packte ich seinen Köcher mit meinen Zangen, um ihn zu durchbohren, glitt jedoch überall ab. Sein Panzer wies nirgends eine verwundbare Stelle

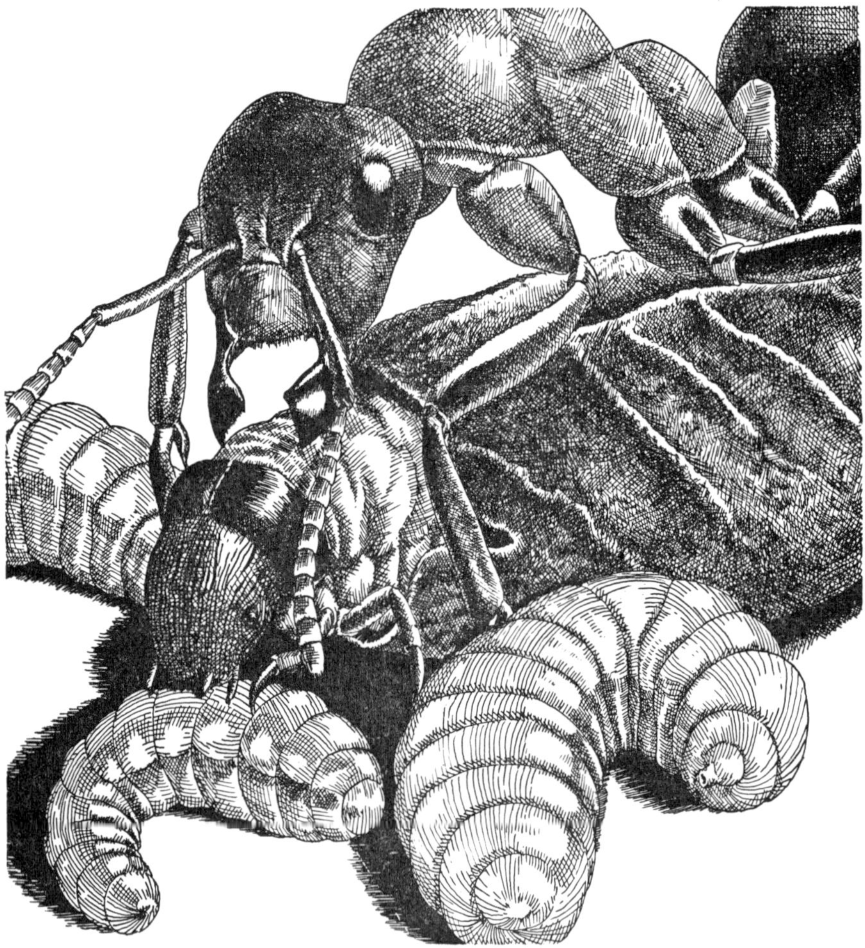

auf. „Reiß dich zusammen“, raunte meine innere Stimme, „du brauchst einen klaren Kopf.“

Fieberhaft überlegte ich, wie man diesem Feind zuleibe rükken könnte. Schließlich befand ich mich in unserer eigenen Burg und wußte kampfbereite Gefährtinnen unmittelbar in meiner Nähe. Mir war , als hätte ich Riesenkräfte. Und doch gab es keine Möglichkeit, die anderen zu verständigen. Sie bemerkten die Gefahr nicht einmal. Es wurde mir klar, daß ich inmitten von vielen tausend Ameisen ganz allein auf mich gestellt war. Hier half nur eines: menschliche List. Unauffällig huschte ich in eine andere Kinderkammer, um mir ein besonders kleines, leicht balancierbares Lärvchen auszusuchen. Das Ameisenbaby dicht vor der Panzerröhre hin- und herschwenkend, gedachte ich den Augenblick abzuwarten, in dem die Clytra erschien, um mich dann blitzschell auf sie zu stürzen. Leider kam es anders. Meine Gegnerin hatte natürlich den Lekkerbissen zwischen meinen Zangen wahrgenommen. Sie streckte ihren Körper so schnell hervor, wie ein Boxer seine Faust, und schnappte das Kleine aus meinen Zangen.

Mit dem zweiten Ameisenbaby, das ich mir schleunigst besorgte, gelang mein Trick. Ich hielt es nicht so dicht vor Clytras Röhre wie beim erstenmal. Erst nach längerer Wartezeit streckte sie ihren stark gepanzerten Kopf und den Brustabschnitt hervor und schlich langsam hinter der vorgehaltenen Ameisenlarve her. Rückwärts gehend, kletterte ich durch steile Gänge nach oben. Die Arbeiterinnen in unserer Nähe erkannten nun, daß eine Larve in Gefahr war und stürzten sich auf die Clytra. Nach mehreren erfolglosen Angriffen, mit denen sie alle vergeblich versuchten, die Kinderfresserin unschädlich zu machen, erreichten wir den Ausgang der Burg. In ihrer räuberischen Freßgier hatte die Clytra nicht darauf geachtet, daß wir uns mittlerweile nicht mehr im schützenden Dunkel der Burg befanden, sondern im für sie völlig ungewohnten, feindlichen Tageslicht. Schnell folgte sie ihrem Instinkt und zog sich in ihren Panzerköcher zurück. Im selben Moment fielen auch schon wieder mehrere meiner Kameradinnen wütend über sie her, allerdings, wie vorauszusehen war, vergeblich.

Ich legte mein Larvchen, das mir so gute Dienste geleistet hatte, einfach vor dem Eingang nieder, wo es über kurz oder lang von einer vorbeikommenden Ameise gefunden werden mußte. Zwei passierende Kameradinnen bemerkten es nicht, die dritte aber streckte besorgt ihre Fühler aus und trug es schnell hinein. Nun hoffte ich auf Vater oder Jens. An den lauter gewordenen Pieptönen meines Senders mußten sie doch bemerkt haben, daß ich mich wieder im Freien befand. Wo blieben sie? Nach – wie mir schien – zwei, nein, fünf Stunden (eine Armbanduhr mochte vielleicht 30 Minuten lang getickt haben) wurde meine Geduld belohnt. Von meinem Warteplatz dicht neben der Clytra erlöste mich ein unerhört großer Silberschnabel, der sie packte und mit ihr in den Lüften entschwand: Vaters Pinzette hatte sie für alle Zeiten aus unserer Burg entfernt. Befriedigt über den erfolgreichen Abschluß meiner Räuberjagd nahm ich mir vor, nach weiteren Übeltätern zu fahnden.

Bei der gefährlichen Clytra war ich Jägerin gewesen. Wie schnell sich so eine Sache ins Gegenteil kehren kann, sollte ich bald am eigenen Leibe erfahren. Plötzlich wurde ich von hinten betastet. Nein, so tastete keine Ameise. Wem fiel es ein, sich an mich heranzuschleichen? Ich reagierte sofort und drehte mich blitzschnell um und – fand nichts. „Vielleicht wollte eine hungrige Kameradin Essen erbitten und hat es sich dann anders überlegt“, versuchte ich eine Erklärung zu finden; dann zuckte ich vor Schmerz und Schrecken zusammen und blieb wie erstarrt stehen. Der Schmerz ließ nach, aber irgendetwas saß unter meinem Kopf, hatte sich an mir festgebissen. So gelenkig wir Ameisen auch sind, alle Stellen unseres Körpers vermögen wir ohne Hilfe einer Freundin doch nicht zu erreichen. Aufgeregt versuchte ich, den Quälgeist von meinem Körper abzureißen. Resultat: nicht die geschickteste Drehung meiner Zangen, nicht der härteste Schlag meiner Fühler, nicht der kräftigste Stoß meiner Beine befreite mich. Mit diesem aufdringlichen Wesen unterm Kopf – es handelte sich um eine kleine Milbe, die meine Chitinhaut durchbohrt hatte und an meinen Körpersäften saugte – wollte ich auf keinen Fall herumlaufen. Nachdem mir klar wurde, daß ich den Widersacher nicht aus eigener Kraft loswerden konnte, mußte ich mir Hilfe verschaffen. Aber wie? Ach, liefe mir doch gerade jetzt ein kleiner Dinarda-Käfer über den Weg! Kaum halb so lang wie wir Roten Waldameisen lebt er als „Gesundheitspolizei“ in unseren Burgen, und ich wußte, daß die Dinarda tatsächlich lästige Milben von ihren Wirtsameisen wegfressen.

Aber vielleicht konnte meine Freundin Myrinda mir helfen. In acht Kinderkammern suchte ich nach ihr, vor der neunten rannte sie geschäftig vorüber. Zwischen ihren Zangen trug sie ein Bündel kleiner Larvenkinder. Hastig folgte ich ihr und wartete, bis sie ihre Last ablegte. Wie sollte ich erklären, was ich von ihr wollte? Zunächst streichelte ich ihren Kopf, um sie auf mich aufmerksam zu machen. Sie erwiderte meine Begrüßung ausgiebig und sehr zärtlich. Dann hielt ich den passenden Augenblick für gekommen, ihr meine Bitte vorzutragen. Unmittelbar vor ihrem Kopf richtete ich mich auf, so daß Myrindas Fühler die fest an mir verbissene Milbe berührten. Myrinda betastete mich und fing an, mir mit ihren Kammbürsten den Rükken zu säubern. Dabei war ich sicher, daß ihre Fühler meine Milbe erkannt hatten, es bestand gar kein Zweifel. Warum befreite sie mich nicht? Mir war durchaus bekannt, daß Ameisen sich nicht gegenseitig solches Ungeziefer entfernen. Daß Myrinda mir nicht half, bestätigte dieses Wissen. Enttäuscht verabschiedete ich mich von ihr, um den nächsten Burgausgang aufzusuchen.

Einer gewöhnlichen Arbeiterin wäre nichts anderes übriggeblieben, als wer weiß wie lange mit der saugenden Milbe herumzulaufen. Für mich aber gab es noch eine Möglichkeit, mich von ihr zu befreien. Schließlich hatte Jens die zehn Glashäuschen rings um unsere Burg zu meinem Schutz aufgestellt. In wenigen Augenblicken trugen mich meine Beine zu einem der Häuschen hinüber. Kopfstoß zweimal sachte und zweimal fest gegen die Tür, drinnen war ich. Eine beträchtliche Zeit lang blieb alles still, nichts regte sich. Ungeduld zerrte an meinen Nerven. Endlich erschien ein grünes Monster über mir. Jens mit seiner grünen Kopfbedeckung wartete ab, welches Zeichen ich ihm geben würde. Schnellstens, vielleicht ein wenig überstürzt, rannte ich fünfmal im Kreis herum, um dann in der Mitte des Kreises stehenzubleiben; das Signal bedeutete: „Etwas ist nicht in Ordnung mit mir." Jens öffnete den Deckel des Glashäuschens, setzte mich behutsam auf seine Hand und untersuchte mich mit der großen Lupe. Mit seinem Finger bedeutete er mir, vor- und rückwärts zu gehen. Alles an mir schien ihm ohne Tadel. Er konnte nichts Ungewöhnliches feststellen. Also setzte er mich ins Glashäuschen zurück und schwenkte ein kleines grünes Tuch über mir. Das bedeutete: „Alles klar!"

Langsam verlor ich die Geduld. Erlaubte er sich einen Scherz mit mir, oder hatte er die scheußliche Milbe wirklich nicht bemerkt? Danach hätte ich ihn am liebsten gefragt – wenn es so etwas wie eine direkte Verständigung zwischen mir und dem grünen Schemen zu meinen Häupten gegeben hätte. Aber die gab es nicht. Ich unterdrückte fürs erste meinen Ärger und begann erneut, im Kreis herumzulaufen. Dreimal hintereinander tanzte ich meinem Zuschauer das Signal vor.

Wieder öffnete sich der Deckel des Häuschens. Die Befreiung nahte. Über mir schwebte ein riesiger Holzbalken herab. Ich wich ihm entgeistert aus; er landete ganz in meiner Nähe. Ein besonderer Duft ging von ihm aus, der mich unwiderstehlich anzog. Behaglich schleckte ich den süßen Honig, der wie ein gelber See auf dem Balken – einem abgebrochenen Streichholz – glänzte, bis nichts mehr in meinen Magen hineinging. Jetzt hatte ich es mir munden lassen, jetzt wollte ich aber auch die Milbe loswerden. Also tanzte ich Jens wieder das bekannte Signal vor. Diesmal, mit vollem Magen, bewegte ich mich bedeutend langsamer. Mein Bruder schien mich verstanden zu haben. Er öffnete den Deckel und – welcher Schlag ins Wasser! – erfreute mich mit einem klebrigen Apfelberg. Hätte ich doch bloß nicht so viel von dem Honig gegessen! Jens, der zweifellos mit Blindheit geschlagen war, glaubte offenbar, mich vor dem Hungertod retten zu müssen. In dieser Annahme war er durch meine ausgiebige Mahlzeit bestärkt worden. Und nun sollte ich auch noch allen Ernstes den Apfelhügel in mich hineinstopfen! Ich würdigte den Klotz aus lauter Kummer und Verdruß keines Blickes, sondern tanzte verzweifelt mein Signal. Dabei schrumpfte meine Hoffnung mehr und mehr zusammen. Was sonst blühte mir, als wieder mißverstanden zu werden?

Doch diesmal schien Jens etwas begriffen zu haben. Der grüne Schatten über mir war plötzlich verschwunden. Ich schloß daraus, daß Jens zum Wohnwagen gegangen war, um etwas zu holen. Den Silberschnabel hoffentlich! Nach einer halben Ewigkeit kam er endlich zurück, öffnete den Deckel meines Glaskastens – und was dann geschah, spottet nun wirklich jeder Beschreibung!

Auf einem Stück Plastikfolie von Bettuchgröße – Ameisenmaßstab wohlgemerkt – ruhte still glitzernd ein durchsichtiger Wassertropfen.

Für wen oder was hielt Jens mich eigentlich? Etwa für eine törichte Ameise, zu einfältig, um für ihr leibliches Wohl selber sorgen zu können? Wie um alles in der Welt sollte ich ihm, der doch sonst intelligent und außerdem mit der Materie vertraut war, mein für Sachkundige durchaus sichtbares Anliegen verdeutlichen?

Ich kehrte dem Wassertropfen verachtungsvoll den Rücken.

Ein letzter Rest von Hoffnung gab mir die Kraft, noch einmal das Notsignal zu tanzen.

Diesmal verschwand Jens für noch längere Zeit. Aber ihm schien ein Licht aufgegangen zu sein. Als er wiederkam, hob er mich abermals aus dem Glaskasten und setzte mich auf einen kleinen Spiegel.

Hierin erkannte ich meine Rettung und richtete mich steil auf, so daß Jens mich von meiner Unterseite her betrachten konnte. Meine aufrechte Haltung schien der Auslöser für seinen Gedankengang. Endlich!

Mit Lupe und Silberschnabel befreite mich Jens!

Ich gab das Zeichen „alles in Ordnung" – lief also dreimal quer durch den Glaskasten – und bedankte mich bei meinem großen Bruder. Dann verließ ich das Glashäuschen und machte mich unter Jens' wachsamen Blicken auf den Rückweg zur Ameisenburg.

Es war nur gut, daß Jens mich beobachtete. Denn noch bevor ich einen der unteren Eingänge erreichen konnte, bewahrte mich sein schneller Zugriff im letzten Moment vor dem tückischen Stich einer Schlupfwespe. Heute hatten es offenbar alle auf mich abgesehen. Vor Schlupfwespen muß sich unsereiner in acht nehmen. Sie benutzen einen als lebendigen Brutschrank. Obwohl man natürlich versucht, den Feind mit hochaufgerichtetem Kopf und geöffneten Zangen abzuwehren, vermag man dem flinken Stich in den Hinterleib, der für uns Ameisen eine Marter, ein qualvolles, langsames Sterben zur Folge hat, nur in den seltensten Fällen zu entgehen. Die Schlupfwespe senkt mit ihrem Stich ein winziges Ei in den Leib der Ameise. Die aus-

schlüpfende Larve ernährt sich erbarmungslos – sie weiß es ja nicht besser – vom Innern ihrer bedauernswerten Wirtin. Wenn die Larve in ihrer lebendigen Hülle herangewachsen ist, verläßt die Ameise ihre Burg, klettert an einem Grashalm hoch, beißt sich hier fest und stirbt. Die erwachsene Larve verläßt nun ihren Wirt, läßt sich zu Boden fallen, gräbt sich dort einige Zentimeter tief in den Boden und fertigt einen Gespinstkokon an, in dem sie sich verpuppt. Nach einigen Wochen kann bereits die junge Schlupfwespe schlüpfen.

Interessante Untermieter

Würde ich noch weiteren Fremdbewohnern der Burg begegnen? Harmlosen oder gefährlichen? Immerhin zählt man mehrere hundert Insektenarten, welche die mächtige Ameisenburg als Schutz- und Versorgungsanstalt benutzen und hier ein sicheres und bequemes Leben führen. Die Abenteuerlust trieb mich durch breite und durch schmale Gänge, burgauf, burgab. Außer meinen emsigen Genossinnen, von denen die einen Larvenkinder herumschleppten, die anderen feucht gewordenen Wand- oder Bodenteile nach draußen beförderten, wieder andere sich gegenseitig mit Nahrung versorgten, traf ich niemanden. Wo sie sich wohl versteckt hielten?

Vor einem kurzen Gang, der noch nicht weitergebaut worden war, also eine Art Sackgasse darstellte, machte ich lustlos kehrt, blieb an der sich anschließenden Tunnelkreuzung stehen, um mein weiteres Vorgehen zu durchdenken. Ich grübelte so angestrengt vor mich hin, daß ich nicht weiter darauf achtete, wie mein rechtes Vorderbein zu kribbeln anfing. Das Kribbeln stieg an meinem Bein hinauf und breitete sich aus bis zum Kopf. Als mir dies recht bewußt wurde, tastete ich erschrocken an mir herum. Aber diesmal war es kein bedrohliches Abenteuer, sondern es handelte sich eher um einen freundlichen Besuch. Eine winzige, harmlose Gastameise war von meinem Bein bis zum Kopf hochgeklettert, um sich ein wenig Nahrung zu erbitten. Ich freute mich darüber, auch diese Miniaturameise kennenzulernen; während unserer Vorstudien hatte ich von ihr gelesen, aber ich war ihr bis jetzt noch nie begegnet. Ich blieb regungslos stehen und tat so, als merkte ich überhaupt nichts; sie dagegen turnte behende auf meinem Kopf herum. Schon bald war mir klar, daß die kleine Su – das war der Name, den ich ihr gab – durchaus wußte, was sie wollte. Nach der Art meiner großen Gefährtinnen betrillerte sie meine Stirn, was für sie gewiß mit einiger Mühe verbunden war. Dann streichelte sie mit ihren winzigen, zarten Fühlerchen meine Wangen und meine Mundgegend. Mein Schenkmagen reagierte bereits, er wollte zu pumpen beginnen. Aber Su's lebhafte Tänzchen bereiteten mir viel zuviel Vergnügen, als daß ich sie sofort versorgt hätte. Damit wäre ja die ganze Vorstellung beendet gewesen.

Su wiederholte ihre Bitte. Schließlich gab ich dem Drängen meines Schenkmagens nach und verabreichte ihr eine Portion Nahrung. Hungrig schlürfte sie, soviel ihre winzigen Mundwerkzeuge zu bewältigen vermochten. Anschließend kletterte sie, mein Bein als Leiter benutzend, wieder herunter, um in ihrer bescheidenen Wohnung, die sich in unmittelbarer Nähe befinden mußte, zu verschwinden.

Su und die Ihren führen in eigenen kleinen Nestchen innerhalb unserer mächtigen Burg ein völlig selbständiges Staatenleben. Die Ameisen leben bekanntlich in einem Volk zusammen. Das Zusammenleben in einem Staat ist nicht auf Vernunftgründen – wie bei den Menschen – sondern auf der Notwendigkeit aufgebaut. Es gibt im Ameisen-Staat keine Parteien und keine Rivalität. Jedes Glied der Gemeinschaft ordnet sich unbewußt dem Zweck des Ganzen unter. In Völkern, denen meist nicht mehr als 100 Mitglieder angehören, ziehen sie ihre Brut auf und gehen ihrer Arbeit nach. Um das Herbeischaffen von Nahrung brauchen sie sich nicht sonderlich zu bemühen. Sie betteln je nach Bedarf eine der großen Ameisen an und erhalten in den meisten Fällen die erhoffte Gratisportion.

Mich beschäftigte die Frage, wo Su's Volk wohnte. Nach ausgiebigem Umhersuchen ertastete ich einen harten Panzer, dessen Form mir bekannt vorkam. Schon wieder so ein Clytra-Ungeheuer! Ich unterdrückte mein Interesse an der kleinen Su, um schleunigst einen geeigneten Plan zum Beseitigen der gefährlichen Clytra zu entwerfen. Nur eines verstand ich nicht. Warum befand sich die Räuberin so weit von den Eier- und Kinderkammern entfernt? Was ich im nächsten Augenblick ertastete, versetzte mich in keinen geringen Schrecken. Wie aus dem Nichts tauchte die kleine Su plötzlich vor mir auf und schickte sich an, lebendigen Leibes in die Höllenröhre der gefräßigen Clytra hineinzumarschieren. Noch bevor ich sie hätte packen und zurückhalten können, war sie verschwunden. Verloren. Bisher hatte ich immer geglaubt, jedes auch noch so kleine Wesen besitze einen angeborenen Instinkt, der sie vor Gefahren schützt. Was hier geschah, ließ eher das Gegenteil vermuten. Ich hatte den Gedanken noch nicht zu Ende gedacht, als etwas Merkwürdiges geschah: Zusammen mit zwei kleinen Freundinnen kam Su quicklebendig aus der todbringenden Panzerröhre herausspaziert. Wie dumm, daß ich so begriffsstutzig gewesen war! Tiere sind praktisch veranlagt und führen ein praktisches Leben. Sie entwickeln dabei ihre eigenen Tricks und Kniffe. Kurzum: Su und ihr kleines Völkchen hatten sich eine leere Clytra-Panzerröhre als sichere Behausung auserkoren. Nein, ein leerer Clytra-Köcher war es wahrscheinlich nicht. Die kleinen Gastameisen wohnten mitunter, wie ich wußte, in leeren Kokons von Rosenkäferlarven. Also handelte es sich eher um einen verlassenen Rosenkäfer-Kokon. Das mußte des Rätsels Lösung sein.

Su, die Kleine, rannte an der Wand entlang und verschwand. Hinter ihr huschte eine zweite Zwergin an mir vorbei. Im Zickzackkurs schien sie etwas zu suchen. Vor einer Arbeiterin meiner Größe blieb sie stehen und machte Anstalten hochzuklettern. Den Grund kannte ich bereits. Sie bemühte sich um einen Leckerbissen. Nun folgte ein kleines Theaterstück in zwei Akten. Die Kleine – nennen wir sie Krila – begann sehr geschickt, genau wie Su vorhin bei mir, der großen Brunhild – so nannte ich sie – ein wenig Eßbares zu entlocken. Brunhild, wahrscheinlich selber hungrig, zeigte sich jedoch alles andere als fütterungsbereit. Unwillig blieb sie stehen und öffnete, zu Krila gebeugt, drohend ihre Zangen. Weil ich auch noch zwischen diesen beiden Darstellern herumtastete, geriet Brunhild in Rage. Krila ließ sich von alledem nicht beeindrucken. Seelenruhig streichelte sie Brunhilds Wangen. Aber Brunhild weigerte sich standhaft, auch nur das kleinste Tröpfchen herauszurücken. Heftig versuchte sie, Krila von ihrem Kopf herunterzuschütteln, was ihr auch gelang. Gefährlich näherten sich Brunhilds große Zangen-Waffen der reglos am Boden verharrenden Kleinen. Das war der erste Akt. – Auf diese Bekanntschaft wollte Krila es wohl doch nicht ankommen lassen. Mehr fliegend als krabbelnd hangelte sie sich in erstaunlicher Schnelligkeit an Brunhilds rechtem Vorderbein hoch. Hier machte sie tapfer von ihrem kleinen Giftstachel Gebrauch. Brunhild zuckte leicht zusammen. Sicherlich hatte ihr das bißchen Gift nicht allzu weh getan. Es reichte aber aus, ihren Zorn abkühlen zu lassen. Sie beachtete die mittlerweile wieder am Boden gelandete Krila nicht mehr, sondern ging gleichgültig ihres Weges. Krila, der fürs erste der Appetit verdorben sein mochte, verschwand eilig in ihrer raffinierten Untermieterwohnung. Ende des zweiten Aktes.

Nun, da es hier nichts mehr zu erleben gab, setzte auch ich meinen Weg fort. „Ruhe, keine Bewegung", sagte ich zu mir selbst. Ich spürte, wie ein unbekanntes Etwas an mir vorbeihuschte. Wie angewurzelt blieb ich stehen; meine Fühler orteten aufs äußerste angespannt die nähere Umgebung ab. Da – abermals glitt es den Gang entlang. Was mochte es sein? Eine Spinne? Ein Ameisenfischchen? Ein Tausendfüßler? Um herauszufinden, was es war, beschloß ich, es ein wenig zu verwirren, indem ich nicht wie eine Ameise reagierte, sondern wie ein Mensch. Also huschte nun auch ich rasch einige Schritte vor, um anschließend wie eine Statue zu erstarren. Sobald ich reglos dastand, wischte es wieder daher. Schließlich entpuppte es sich als harmloser Tausendfüßler. Da er nur Ameisen gewöhnt war, die sich immerfort bewegten, strich er jedesmal dann an mir vorüber, wenn ich vollkommen starr blieb. Für den ersten Augenblick fiel es mir nicht schwer, stillzustehen wie eine Schau-

fensterpuppe. Nach und nach aber zuckte und ruckte es in meinen Gliedern, die nach Bewegung verlangten. Endlich hatte mein Tausendfüßler sich wieder dicht an mich herangeschlichen. Ruhig blieb er vor mir stehen und wunderte sich. Eine Ameise wie ich mochte ihm wohl noch nicht begegnet sein, denn nur Tote bewegen sich nicht. Mir bereitete es einen Heidenspaß, sachte meinen Kopf zu neigen. Diese Kleinigkeit genügte, ihn überstürzt in die Flucht zu schlagen. Einer Rennläuferin gleich, setzte ich hinter ihm her und wich dabei in präzise berechnetem Abstand den Ameisen-Eingeborenen aus, um einen Zusammenprall zu vermeiden. Es ist kaum denkbar, daß unsere ehrwürdige Ameisenburg jemals eine solche wilde Jagd über sich hat ergehen lassen müssen. Ein einziges Mal kam ich dem kleinen Tausendfüßler so nahe, daß ich ihn kurz mit einem Fühler antupfte. Die leichte Berührung ließ ihn das Tempo verdoppeln, um seinem Verfolger zu entfliehen. In Mäanderlinien raste er davon. Ziemlich aus der Puste, verlangsamte ich meine Gangart und ließ das kleine Kerlchen laufen. Natürlich hatte ich nie vorgehabt, ihm etwas zuleide zu tun.

Am Ende dieses Verfolgungsspieles ereignete sich ein leichter Verkehrsunfall. Ich stieß mit einer ungefähr gleichgroßen Ameise zusammen, die sich über eine Gefährtin beugte, obwohl ich auch diese in schwungvollem Ausholen umrunden wollte. Gute Manieren hätten in der Menschenwelt gefordert, daß man sich entschuldigt. Statt dessen streichelte ich den beiden Burgbewohnerinnen tröstend den Rücken. Und dabei entdeckte ich zu meiner Überraschung, daß die zweite Gefährtin gar keine Ameise war. Dennoch kam mir die Gestalt irgendwie bekannt vor. War es ein Dinarda-Käfer, oder aber – und in diesem Fall hieß es aufpassen! – der gewiefte Ameisenfeind Atemeles? Ließe sich ein Dinarda-Käfer von einer Ameise Nahrung verabreichen? Niemals! Also mußte das verdächtige Wesen ein Atemeles-Käfer sein, der häufig in Ameisenburgen zu finden ist. Er läßt sich von den Arbeiterinnen füttern, und seine Larven fallen über die Brut der Ameisen her.

Atemeles, kaum so groß wie eine ordentliche Arbeiterin, war offensichtlich mit allen Wassern gewaschen. Von meiner Anwesenheit ließ er sich keineswegs stören. Vielmehr begann er, die auserkorene Ameise – ich nannte sie Hannchen – formvollendet um Nahrung anzubetteln. Sie untersuchte ihn kurz mittels ihrer Fühlerspitzen und fütterte ihn dann mit einem Speiseballen. Und jetzt kam das Besondere: Sie fütterte Atemeles nicht etwa wie eine ihrer Gefährtinnen, sondern wie eine Ameisenlarve! Ruhig ließ sie nämlich den Saftballon auf ihre Unterlippe rollen, um ihn dann, den Kopf leicht hin- und herbewegend, dem Gast einzupumpen!

Nach der Mahlzeit betastete Hannchen den interessanten Atemeles und geriet dabei mit ihren Fühlern an die Haarbüschelchen seines Hinterleibes. Augenblicklich hatte sie nichts Eiligeres zu tun, als diese eifrig und gierig zu belecken. An diesen Haarbüscheln scheidet Atemeles nämlich ein Sekret aus, auf das die Süßigkeiten liebenden Ameisen ganz versessen sind.

Nachdem Hannchen davongeeilt war, machte ich mich an unseren Gast heran. Atemeles wußte selbstverständlich sofort, um was es mir ging. Er blieb stehen, um mich ausgiebig naschen zu lassen. Was er zu bieten hatte, schmeckte wie – nun, wie die allerfeinsten Pralinen. Man konnte einfach nicht genug davon bekommen; das mußte ich im Namen aller meiner Ameisenfreundinnen zugestehen.

Doch dann gewann die Vernunft in mir wieder die Oberhand. Für unsere Burg war und blieb Atemeles nun einmal ein gefährlicher Gast. Kurzentschlossen ging ich zur Tat über, umklammerte Atemeles fest mit meinen Zangen und trug ihn aus der Burg hinaus. Eine solche Behandlung war ihm noch nie widerfahren; schließlich liebten ihn alle wegen seines süßen Sekrets. Mein Verhalten mußte ihm völlig unverständlich vorkommen. Nach kurzer Wartezeit überantwortete ich ihn Vaters Silberschnabel, der ihn auf Nimmerwiedersehen aus der Nähe der Burg entfernte. Nun konnte er vorerst keine Ameisenbrut mehr vertilgen.

Das Wunder in der Puppenhülle

Auf meinem Rückweg in die Burg geriet ich in eine Kammer, in der ein seltsames Spielchen ablief. Eine junge Arbeiterin – für mich hieß sie Grete – war eifrig damit beschäftigt, ein schon ziemlich ausgewachsenes Larvenkind mit Erdklümpchen zu bewerfen. Zuerst begriff ich gar nichts; doch dann bemerkte ich, daß die Larve gerade anfing, sich als Schutz für die Puppenruhe einen feinen und doch haltbaren Kokon zu spinnen. Dazu verfügen unsere Kleinen über eine mächtig entwickelte Spinndrüse, deren Ausführgang auf ihrer Unterlippe mündet. Die Larve arbeitete und arbeitete. Vor meinen neugierigen Fühlern zauberte sie ein fabelhaftes Schlafsäckchen, einen Kokon. Zu Beginn des Kokonspinnens stehen die Arbeiterinnen ihren Schützlingen hilfreich zur Seite. Aus diesem und keinem anderen Grunde hatte Grete das Larvenkind mit Erdklümpchen bedeckt, welche Haftpunkte für die ersten Spinnfäden bildeten. Natürlich werden diese Erdklümpchen wieder entfernt, wenn die Gespinsthülle erst einmal haftet. Allmählich entzog sich unser Kleines seiner Umwelt. Es verschwand im Kokon und wurde unsichtbar, ich meine unfühlbar.

Obwohl die zahlreichen Puppen keine Nahrung erhielten, ließen wir ihnen doch viel Pflege angedeihen. Wir hielten sie peinlich sauber und würden nicht gezögert haben, sie im Notfall mit dem eigenen Leben zu verteidigen.

Mit Ungeduld erwartete ich, endlich das Schlüpfen einer jungen Ameise miterleben zu dürfen. Während ich ahnungsvoll in der Dunkelheit herumtastete, hatte sich dieser interessante Vorgang hinter mir schon einmal abgespielt. Behutsam zog Grete einer soeben geschlüpften Ameise die letzten Reste der dünnen Puppenhaut von Hinterleib und Beinen. Streichelnd befühlte ich die neue Gefährtin. Sanft schmiegte das junge Geschöpf – ich taufte es Kitti – seinen Kopf an meine Seite. Grete hatte sich abgewandt. Sie stand einige Schritte entfernt und tastete hingebungsvoll ein weiteres Schlafsäckchen ab. Es schien ihr der richtige Zeitpunkt gekommen, den Kokon zu öffnen. Geübte Zangengriffe schnitten, nagten, zerrten. Hurtig hatte Grete dem drinnen ruhenden Geschöpf ein Fenster zur Welt geschaffen. Das Fenster wurde zum Vorhang, den Grete Streifen für Streifen beiseite zog. Kati, das zweite feingliedrige Ameisenkind, streckte seine Beine, um die allerersten wackligen Schritte auszuprobieren. Auch Kati genoß es mit Wohlbehagen, mit offenen Armen, vielmehr Fühlern, von mir empfangen zu werden.

Kitti, Kati und die anderen Schlüpflinge ließen uns ältere Pflegerinnen keineswegs arbeitslos werden. Wir reinigten, beleckten und fütterten sie, wie es sich gehörte. Liebevoll versorgten wir diese mitunter verspielten, großen Kinder, bis sich ihre Chitinkörperhülle gehärtet hatte und ausgefärbt war. Im Durchschnitt benötigen sie dazu etwa sechs Tage; dann gelten sie als vollwertige Arbeiterinnen und verspüren ganz von selbst den Drang, sich an den Arbeiten der Älteren zu beteiligen.

Grete in ihrer energischen Wesensart behandelte die Jungameisen nicht anders als die Puppen. „Sie wird schon wissen, was richtig ist", dachte ich und eiferte ihr nach. Wenn es ihr nötig erschien, schleppten wir unseren noch weichhäutigen Nachwuchs in Kammern, deren Wärme ihnen zuträglich war. Wie alle jungen Wesen waren auch diese unerhört neugierig, was uns Pflegerinnen die Sache nicht immer leicht werden ließ, denn wir sahen uns genötigt, sie regelrecht zu bewachen. Kleine Erkundungsgänge durften sie unternehmen, Weglaufen wurde nicht gestattet. Und doch gelang es zwei jungen Ameisen, sich selbständig zu machen. Kitti und Kati, meine besonderen Lieblinge, hatten sich der Aufsicht der gestrengen Pflegerinnen auf eigene Faust entzogen. Grete rannte aufgeregt umher, suchte sie verzweifelt. Beruhigend streichelte ich sie mit meinen Fühlern und zeigte ihr, daß ich mich ebenfalls auf die Suche machen wollte. Unsere Puppenkammer lag nicht allzuweit von einem Gang entfernt, der geradewegs nach draußen führte. Ich glaubte daher nicht lange raten zu müssen, in welcher Richtung sich meine vorwitzigen Ausflügler davongemacht hatten. „Ja, wer will denn hier verreisen?" Drei Körperlängen vor mir schlichen zwei mutige Wanderer daher, jeder Schritt brachte sie dem Licht des Ausganges näher. Die Helligkeit schien sie merklich einzuschüchtern. Ihre ehemals forsche Gangart verwandelte sich zusehends in ruckweises Vorwärtszuckeln. Kati, die vorwegging, drehte sich zu Kitti um. In der einzigartigen Haltung, die sie dabei einnahm, hätte sie nur einen passenden Satz sagen können: „Hannemann, geh du voran, du hast die größten Stiefel an." Kitti ihrerseits blieb hinter Kati stehen. Sie begnügte sich damit, ihre Fühler umherschweifen zu lassen. In diesem Augenblick stürmten drei Arbeiterinnen mit vollem Schenkmagen an den beiden Ausreißerinnen vorüber, die denn auch dreimal zusammenzuckten. „Ausflug beendet, meine Lieben." Direkt vor ihren Fühlerspitzen stellte ich mich auf, um sie nicht von hinten zu erschrecken. Kitti und Kati hatte der Wagemut verlassen, sie wichen zunächst ängstlich vor mir zurück. Nachdem ich sie beruhigend gestreichelt hatte, folgten sie mir in die Kammer.

Meine jungen Freundinnen Kitti und Kati waren mir sehr ans Herz gewachsen; gern wäre ich noch länger bei ihnen geblieben. Doch die drei Außendienstlerinnen, die meine „Kinderchen" mit ihrem Sturmschritt erschreckt hatten, erweckten in mir eine unstillbare Sehnsucht. Es zog mich auf einmal mit aller Kraft hinaus.

Melkkühe, die Honigtau spenden

Ich schätzte die Bewohnerzahl unserer großen Burg auf über eine Million. Wenn man dies bedenkt und sich dazu noch vor Augen hält, daß außerdem von März bis September eine entsprechend große Zahl an Brut ernährt und aufgezogen werden muß, so kann man sich vorstellen, welch ungeheuren Nahrungsbedarf ein solches Volk hat, wieviel Nährstoffe hier auf relativ kleinem Raum verbraucht werden. Unsere Arbeiterinnen deckten diesen Bedarf hauptsächlich aus zwei Nahrungsquellen: Sie sammelten die süßen Ausscheidungen der Rindenläuse ein und erbeuteten Insekten.

Am nächsten Morgen schloß ich mich den ersten Frühaufsteherinnen an. Ich hoffte Arbeiterinnen zu finden, die unsere Melkkühe, die Rindenläuse, aufsuchten. Eingereiht in die endlose Kolonne von Ameisen, die davonzogen, um ihren Gefährtinnen drinnen Nahrung zuzutragen, verließ ich die Burg.

Wir benutzten eine der bequemen, breiten Ameisenstraßen, die von Tannennadeln, Zweigstückchen und anderem Geröll geräumt war. Milliarden von Ameisen-Fußtritten hatten ihr dieses ebene Aussehen verliehen. Dieser Weg mündete unversehens in eine ungefähr doppelt so breite Landstraße, auf der ein dichter Strom in dieselbe Richtung laufender Ameisen vorüberzog. Ihm gliederten wir uns ein.

Zügig rannten wir im mittlerweile vollen Tageslicht unseren Rindenlausherden – darin bestand für mich kein Zweifel mehr – entgegen, die auf hohen Waldbäumen weideten. Unterwegs bestaunte ich den Reichtum, den unser Volk sein eigen nannte. Die mächtige Hochburg schloß Besitzungen ein wie gut hergerichtete Straßen, die 150 bis 200 Meter lang sein können und zu den Rindenlausbäumen mit stattlichen Lausherden und zu den Tochterburgen führten, umfangreiche Jagdreviere und einiges mehr. Ich lebte unter Großgrundbesitzern, die ein bescheidenes Dasein führten.

Unsere endlose Kolonne bewegte sich mit beträchtlicher Geschwindigkeit. Mir schien, als würde das Tempo von einer Ameise bestimmt, die ich deshalb Lissi Eile nannte. Sie war größer als die meisten von uns und zog das rechte Hinterbein ein wenig nach, was ihrer Lauffertigkeit offensichtlich nicht schadete. Lissi Eile war von uns allen die Schnellste.

Unsere Straße schien kein Ende zu nehmen. Entlang an himmelhohem, grünem Gesträuch, an einem aufgetürmten Berg dicker schwarzer Baumstämme (als Mensch hätte ich es als dürres Reisighäufchen bezeichnet), marschierten wir unserem Ziel entgegen.

Plötzlich änderte sich der Untergrund unserer Straße von einem Schritt zum nächsten. Auch fiel mir auf, daß wir eine neue Marschrichtung einschlugen. Es ging jetzt aufwärts. Augenscheinlich überkletterten wir ein Hindernis. Zum Umschauhalten gönnte ich mir jetzt keine Zeit, weil ich Lissi Eile nicht aus dem Auge verlieren wollte.

Erst nach einiger Zeit begriff ich, daß wir uns längst am steilen

Baumstamm befanden. In der knorrigen Baumrinde hatten die unendlich vielen Ameisenfüße natürlich keinen glatten Weg ebnen können. Der Baumstamm, dessen Rundung ich nur ahnen konnte, glich einem öden, zerklüfteten Gebirge. Auf fernen, unbewohnten Planeten mochte es nicht viel anders aussehen. Hier war ich in einen vollkommen fremden Lebensraum eingedrungen. Nie hätte ich geahnt, einen Baum auf diese rindennahe Weise kennenzulernen. Wir suchten die kantigen Rindenhügel zu umgehen und kletterten in den Vertiefungen – für uns waren es tiefe Rinnen – nach oben. Offenbar folgten wir noch immer der Hauptameisenstraße. Das schloß ich aus den zahlreichen Wanderern, die hier oben anzutreffen waren.

Nachdem wir eine ziemliche Strecke in der Mondgebirgslandschaft des Baumstamms hochgestiegen waren, änderte sich die Umgebung grundlegend. Wir erreichten eine grünschimmernde, fremdartige Welt; die Stelle des Baumes, an der die Äste gleich riesigen Straßen in alle Himmelsrichtungen abbogen. Diese Region war erfüllt von den verlockendsten Düften – unter ihnen der Duft, dem ich hier zum erstenmal begegnete: Honigtau.

Hätte ich es unterlassen, zwischendurch, so gut es ging, die Gegend zu betrachten, so wäre mir ein grausiges Bild erspart geblieben. Nur wenige Körperlängen von uns entfernt hing eine Arbeiterin scheinbar frei in der Luft. Ihre unnatürliche Haltung ließ mich rasch erraten, welcher Umstand ihrem Leben ein vorzeitiges Ende gesetzt hatte: Sie war gefangen im Netz einer unsichtbar lauernden Spinne. Zwar muß ich zugeben, daß mich dieser Anblick erschaudern ließ und ich automa-

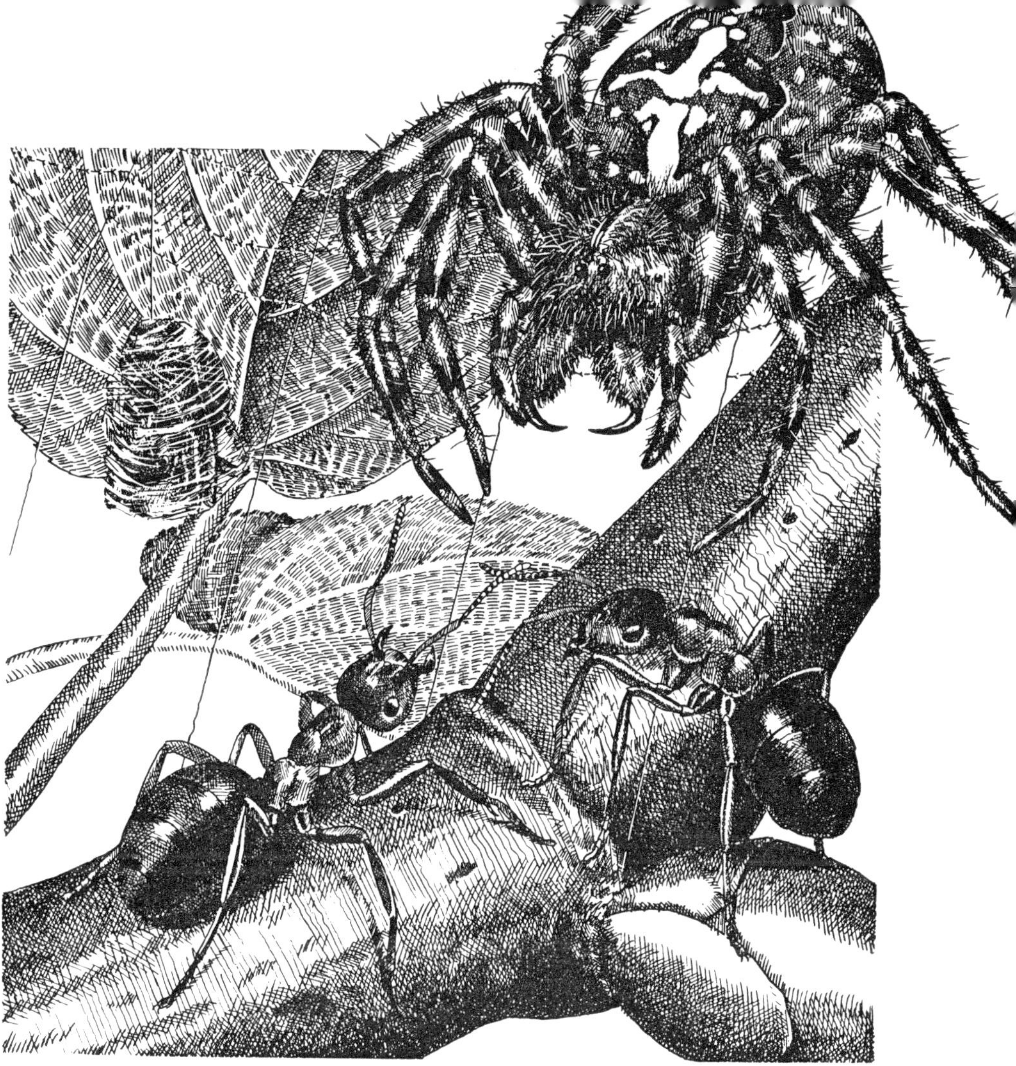

tisch meine Sinne schärfte. Das Gefühl der Angst aber kam nicht auf. Eher gleichmütig setzte ich meinen Weg fort.

Wie lange mußte ich noch rennen, um endlich wenigstens eine Rindenlaus zu Gesicht zu bekommen? Die breiten, rauhen Himmelswege, die Äste des Baumes, hatten wir mittlerweile hinter uns gelassen. Der dichte Arbeiterinnenstrom verteilte sich allmählich. Zusammen mit Lissi Eile kraxelten wir zu fünft auf einem schmalen Pfad herum. Lissi ging langsam, um prüfend den Weg abzutasten. Ihrem Beispiel folgend, tat ich das gleiche und fuhr erschreckt zusammen, weil meine Fühler weiche Körper berührten, die meinen Augen unverständlicherweise verborgen geblieben waren. Endlich standen wir mitten unter den unbeweglich dasitzenden Rindenläusen.

Die Tiere hatten eine grünliche Hautfarbe und waren nicht viel größer als der Kopf einer Ameise. Ihr rundlicher Körper wurde nach vorne hin schmäler und endete in einem kaum sichtbaren Kopf. Dicht an dicht saßen die wehrlosen Geschöpfe beisammen. Ich begann sie zu zählen, ließ es aber gleich wieder bleiben. Regungslos an den Zweigen festgeklammert, bohrten die Läuse den Saugrüssel in das Gewebe des Baumes und saugten aus den Siebröhren unablässig nährstoffhaltige Pflanzensäfte in sich hinein – weit mehr, als sie selbst verwerten konnten. Der Entzug des Saftes aus den Siebröhren macht sich im Haushalt des großen Waldbaumes in keiner Weise bemerkbar.

Die wasserhellen Glitzerkugeln, die Ausscheidungen der Läuse, die wir ihnen entlockten, enthalten noch reichlich Kohlehydrate und Eiweiß. Sie werden Honigtau genannt, weil Honigbienen aus diesen süßen Tropfen den würzigen, köstlichen Waldhonig bereiten.

Die Rindenläuse waren nicht allein. Es sah aus, als würden sie von Melkerinnen unseres Volkes bewacht. Ehe wir Neuankömmlinge mit dem Werk beginnen konnten, kamen uns zwei der bereits anwesenden Ameisen entgegen, um uns zu untersuchen. Erst nachdem sie unsere Pässe, was hier bedeutete: unseren Geruch, eingehend geprüft hatten, ließen sie uns an die Lausherden heran. Jeder Fremdling wäre verjagt worden.

Lissi Eile hatte ihre rastlose Unruhe abgelegt. Geduldig und

behutsam, aber doch mit großem Eifer betrillerte sie ein Tier. Die Laus beantwortete die von den Fühlern und manchmal auch von den Vorderbeinen ausgeführten Trillerschläge Lissis, indem sie an ihrem emporgestreckten Hinterleibsende ein kleines, glitzerndes Honigtautröpfchen hervortreten ließ. Lissi leckte den Tropfen sofort auf, um sich gleich danach einer zweiten und dritten Laus zuzuwenden. Dann kehrte sie zur ersten zurück, und immer wiederholte sich der gleiche Vorgang: Lissis Fühler schlugen sachte auf den Hinterleib der Laus, diese spendete den begehrten Riesentropfen.

Nach dem Anschauungsunterricht versuchte auch ich mich als Melkerin. Bei der ersten Laus konnte ich mich des Eindrukkes nicht erwehren, als wende sie sich erstaunt zu mir um. Nach weiterem Betrillern aber spendete sie mir Honigtau. Auf diese Weise krabbelten wir durch die Rindenlausherde und füllten unsere Schenkmägen, bis nichts mehr hineinging. Das Melken der Läuse schien mir eine höchst angenehme Arbeit.

Die ein Stückchen weiter weg von uns sitzenden Läuse durften wir nicht betrillern. Dort bereits arbeitende Gefährtinnen gaben uns zu verstehen: „Hier sind schon wir. Geht bitte an eine andere Stelle.“

„Gut, wenn ich von dir nichts mehr bekomme, gehe ich zur nächsten“, sagte ich zu der friedlich saugenden Laus und kletterte weiter. Doch dann war Aufschauen, Erschrecken, Niederducken eins. Dicht über der Schar unserer Arbeiterinnen schwebte ein unbekanntes Flugobjekt, das Anstalten machte, sich auf uns niederzulassen. Da es sich suchend hin- und herbewegte, bemerkten es auch meine Gefährtinnen. Seelenruhig gingen sie jedoch weiter ihrer Beschäftigung nach. Wenn die anderen meinten, sich nicht stören lassen zu müssen, so ließ sich nur daraus schließen, daß dieses über uns kreisende Tier Ameisen nicht bedrohte. Ungefährlich allerdings sah es nicht aus. Zarte, durchschimmernde, rotierende Flügel trugen einen aus meiner Sicht recht massigen Körper. Hätte es mir mit einer monotonen Lautsprecherstimme anvertraut, vom Planeten einer anderen Milchstraße zu kommen, so hätte ich ihm kaum widersprochen. Übrigens drehte es mir ständig seinen Kopf hin, so daß ich deutlich zwei seitlich angeordnete glänzende Felder sah. Dies mußten Facettenaugen sein. Zwei Fühler entdeckte ich noch, bevor es eine Schleife in der Luft beschrieb und mir dabei seine Seitenansicht darbot. Es trug am Vorderkörper ein knappes, flauschiges, beigefarbenes Pelzjäckchen. Auch den Kopf zierte rund um die Facettenaugen wuscheliger Pelzbesatz. Am Hinterleib war das fliegende Tier nach moderner Pelzmantelmode gekleidet: beigefarbene Pelzstreifen wechselten mit schokoladenbraunem, glänzendem Leder. Es streckte seine sechs dunkelbraunen Beine in Landeposition und ließ sich weniger als drei Körperlängen von mir entfernt auf den dunkelgrünen Tannennadel-Spießen nieder, von denen es sich in schönem Farbkontrast abhob. Mein Interesse am Beobachten des Tieres sollte mir in den kommenden Minuten arg verleidet werden, weil ich aufgrund seines rapide veränderten Benehmens annehmen mußte, mein letztes Ameisenstündlein habe geschlagen.

Das geflügelte Insekt machte unvermutet einige Schritte auf mich zu, so daß ich mich instinktiv fester an meinen Steg klammerte. Es suchte herum – ich fürchtete, nach einer fetten Beute –, erhob sich schwankend in die Luft, um von oben auf uns herabzustoßen und beschrieb – beinahe berührten wir uns schon – dicht über mir seine letzten Schleifen vor der Mahlzeit, zu der es mich, da war ich sicher, auserkoren hatte. Noch immer ließen sich meine Gefährtinnen von dem Angreifer nicht beim Lausmelken stören. Mit verkrampften Beinen stakste ich über die Lausherde hinweg, um eine geeignete Deckung zu suchen. Allein das Individuum folgte mir auf Schritt und Tritt. Sollte ich mich in die Tiefe fallen lassen? Sicher wäre es schneller unten als ich.

Tausend Gedanken schossen mir durch den Kopf. Von Vater oder Jens, das stand nun einmal fest, war keine Hilfe zu erwarten. Selbst wenn die Pieptöne meines kleinen Senders drunten im Wohnwagen noch zu empfangen waren, so verrieten sie doch nichts von der Gefahr, in der ich schwebte. Und wie sollte, davon mal abgesehen, ein Retter vom Waldboden auf den Baum gelangen – auf den richtigen Baum, wohlgemerkt? Nein – mit einem rettenden Eingreifen des Silberschnabels war unter keinen Umständen zu rechnen.

Es war ein Alptraum – einer jener Alpträume, in denen es einem nie gelingt, schnell genug davonzulaufen. Wie erstarrt klammerte ich mich fest und zählte die Sekunden, bis ich zerrissen und verspeist wurde. Sollte ich vorher kämpfen? Würde alles so schnell vor sich gehen, daß ich dazu gar nicht mehr käme? Gefühllos kauerte ich über einer rundlichen Rindenlaus, die mir auch nicht helfen konnte. Welchem der bekannten Ameisenfeinde glich dieses Tier? Mir fielen überhaupt keine

Feinde mehr ein. Ruckartig setzte es zur Landung an. Dabei durchbohrte es mich nicht etwa mit irgendeiner Körperwaffe, sondern ließ sich seitlich der Lausherden auf dem Zweig nieder und schleckte genüßlich den Honigtau, der die Fichtennadeln bedeckte. Sein ganzer Körper nahm an den Eßbewegungen des Kopfes teil. Ganz unvermittelt flog es auf, drehte schwerfällig eine Ehrenrunde über uns – und verschwand. Erst als ich es aus einer gewissen Entfernung betrachten konnte, erkannte ich, daß es eine Honigbiene gewesen war!

Die meisten meiner Kolleginnen hatten bereits soviel Honigtau gesammelt, daß sie sich dehnten. Die dunklen Chitinringe ihrer Hinterleiber waren auseinandergetrieben, und man erkannte deutlich die hellen Zwischenhäute. Auch mein Schenkmagen war prall gefüllt. Lissi Eile tauchte wieder auf, und wir machten uns gemeinsam mit vielen anderen Arbeiterinnen an den Abstieg. Es passierte nicht selten, daß aufsteigende Gefährtinnen uns hinabsteigende um Nahrung baten. Rasch, bereitwillig und liebevoll fütterten wir sie. Auf diese Weise hatten wir Heimkehrerinnen schon manche kleine Portion unserer gehaltvollen Last wieder abgegeben.

Ist das Ersteigen eines Baumes schon nicht gerade eine Spielerei, so muß man das Hinunterklettern mit vollgeladenem Schenkmagen, gelinde ausgedrückt, als anstrengend bezeichnen. Ich zum Beispiel mußte so langsam nach unten klettern, daß ich Lissi aus den Augen verlor. Es gelang mir nicht mehr, mit ihr Schritt zu halten. Einige Gefährtinnen nahmen eine unfreiwillige Abkürzung auf dem Weg nach unten: Sie purzelten hinunter, weil sie ihren Halt verloren.

Wohlbehalten kehrte ich heim. Als wichtige Person, versteht sich, denn man bettelte mich von allen Seiten her an und forderte mich zur Entleerung meines Schenkmagens auf.

Nachdem ich die gesammelte Nahrung so gut wie gänzlich verteilt hatte, stieg ein dringendes Reinlichkeitsbedürfnis in mir auf. Ich war von den Blattlausherden nicht gerade sauber zurückgekommen. Das Sauberhalten des Körpers ist für jede Ameise von Bedeutung. Bei uns Ameisen gilt es zu unterscheiden zwischen der individuellen Körperpflege, die man an den eigenen Gliedmaßen vollzog und der Gesellschafts-Reinigung, welche wir uns gegenseitig angedeihen lassen.

Zunächst säuberte ich meine empfindlichen Fühler mit Hilfe des Putzapparates, der sich in Form eines kräftigen Dorns mit einer Art Kammbürste an den Schienen meiner Vorderbeine befand. Zur Reinigung aller anderen Körperteile benutzen wir Ameisen mit Vorliebe unsere Mundwerkzeuge, vor allem die Zunge. Aber selbst die gelenkigste Ameise kann ihren eigenen erdbeschmutzten Kopf, Rücken, das Bruststück, den Stiel des Hinterleibs und die oberen Beinglieder nicht ohne Hilfe reinigen. Sie ist dabei auf die Hilfe ihrer Kameradinnen angewiesen und nimmt diese besonders dann in Anspruch, wenn sie von den Blattsaugern oder von der Jagd zurückkehrt.

Meine ausgiebige Körperpflege ließ eine Gefährtin auf mich aufmerksam werden, die vom Wuchs her etwas kleiner war als ich, aber eines mit mir gemeinsam hatte: Sie bedurfte ebenfalls der gründlichen Reinigung. Wir säuberten uns gegenseitig mit Hingabe jene Körperpartien, an die wir selbst nicht heranreichen konnten.

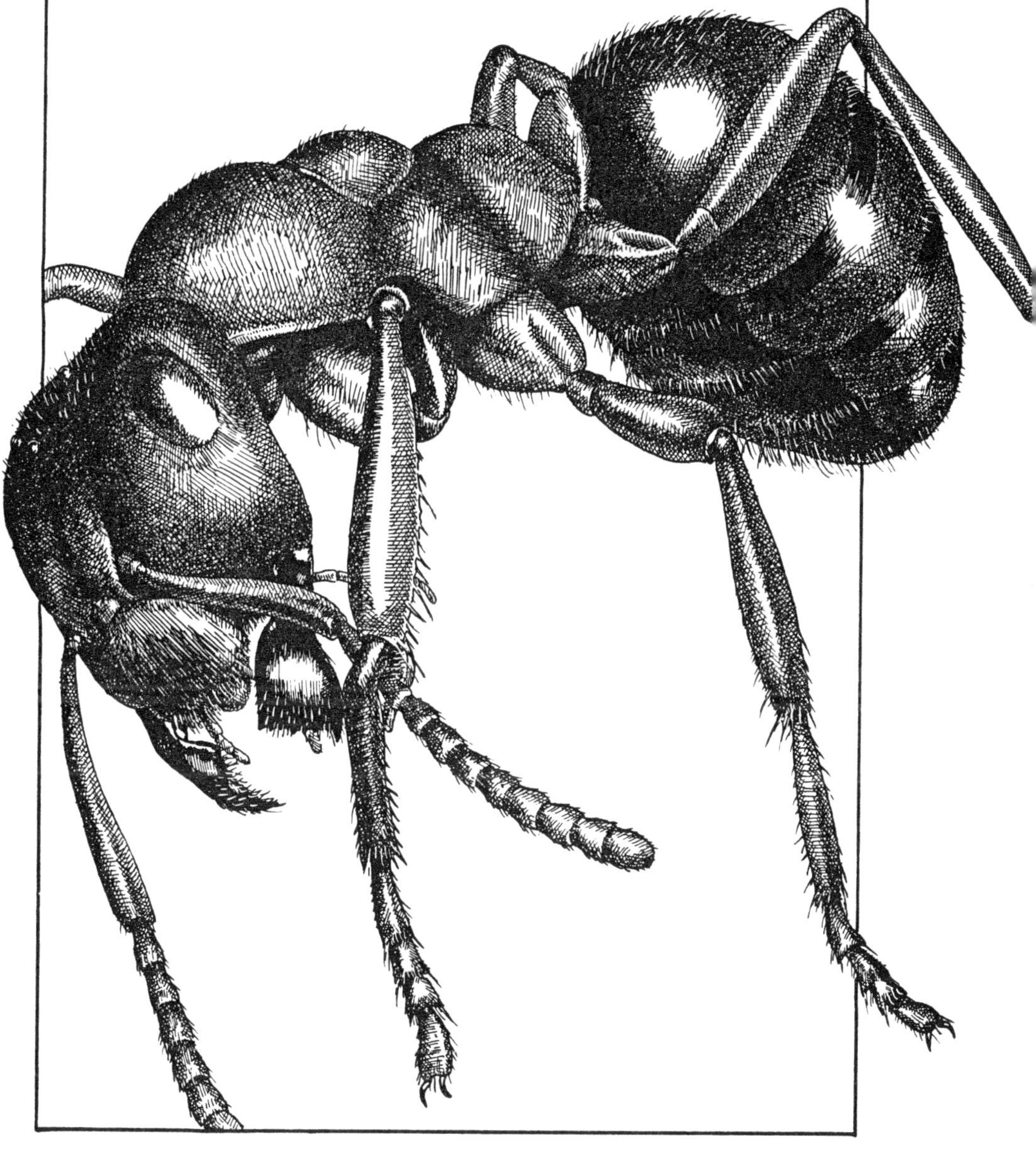

Ausflug in die weite Welt

Mittlerweile mochte es Mittag geworden sein. Nach dieser ereignisreichen Tageshälfte freute ich mich auf ein Quentchen Entspannung bei Kitti und Kati. Als ich einen Zugang zur Burg passierte, wirbelten zwei Arbeiterinnen an mir vorüber, die Fangen zu spielen schienen. Die Ältere faßte die sich sofort einrollende junge Ameise bei den Zangen und trug sie in die Burg. Sobald sich die Junge – nennen wir sie Maray – jedoch frei fühlte, kehrte sie schnurstracks nach draußen zurück, wo sie ebenso rasch ankam wie ihre Trägerin. Dieses Spiel wiederholte sich so lange, bis die ältere Ameise, die Maray vermutlich gern noch länger in der gesicherten Burg behalten hätte, resigniert von ihrem unnützen Tun abließ.

Maray wagte sich hinaus ins feindliche Leben. Und ich begleitete sie. Mutig stolzierte sie den Burgberg hinab. Da, eine Libelle. Dicht flog sie über Maray hinweg. Erschrecken, scheues, zögerndes Umsichwittern, dann trabte sie offenbar unbeeindruckt weiter. Einer Ameise wie Maray stand die ganze Ameisenwelt offen. Sie konnte nach kurzer Inspektion der neuen Welt draußen den Rückzug in die Familienburg antreten, sich als Bauarbeiterin betätigen, Wächterin werden, Baustoffe herbeischaffen, Rindenläuse melken. Es gab eine Fülle von Möglichkeiten, sich nutzbringend zu betätigen. Nur ein

Beruf im Außendienst würde – vorerst jedenfalls – kaum für sie in Frage kommen: der Beruf der Jägerin. Dazu müßten, wie ich annahm, zusammen mit älteren Kameradinnen Erfahrungen gesammelt werden; Mut und Draufgängertum waren zu beweisen. Doch einerlei: Dies war vermutlich ihr erster Ausflug in die große, weite Welt.

Allein wäre es mir nie gelungen, den dichten Busch in solchem Tempo zu durchqueren. Maray folgte offenbar dem Wahlspruch: Vorwärts, nur nicht stehenbleiben. Für eine Jungameise fand ich sie geradezu tollkühn. War sie denn sicher, den Rückweg zur Burg wiederzufinden? Und hatte ich nicht selber ein wenig unüberlegt gehandelt, als ich mich diesem blutjungen Geschöpf so Hals über Kopf anschloß? Gewöhnliche Jungarbeiterinnen erkundeten, bevor sie sich endgültig hinauswagten, etappenweise die Umgebung, um dann für ausgedehntere Ausflüge gewappnet zu sein. So gut es ging, prägte ich mir markante Punkte unsers bisher zurückgelegten Weges ein. Noch in geringer Entfernung von der Burg hasteten wir zwischen zwei riesigen Grasbüscheln hindurch. Maray betrat mutig das dunkle Gewölbe unter einem Häufchen kurzer Äste. Zögernd folgte ich ihr, und kurz darauf gewannen wir beide unbeschadet das Tageslicht wieder. Dort, wo ein Farn seine Blätter gleich weit ausladenden Dächern ausbreitete, überkletterten wir einen Gesteinsbrocken. Zwei dunkle Walzen türmten sich vor uns auf. Es waren Tannenzapfen. Maray umging sie links, ich rechts. Nach dem steil aufragenden, bemoosten Baumwurzeln kletterten wir einen aus brauner, duftender Erde bestehenden, wenig Halt bietenden Abhang hinab. Wir umkreisten einen großen Tunneleingang – ein gewöhnliches Mauseloch – und mieden ein Dutzend merkwürdig streng riechender schwarzer Kugeln. Es handelte sich um Hasenlosung.

Immer wieder schaute ich nach der Sonne, sie war für mich der wichtigste Orientierungspunkt.

Maray erwog umzukehren. Sie hatte ihren ersten Ausflug ohnehin mehr als weit genug ausgedehnt. Obgleich ich mir so viele Dinge eingeprägt hatte, zweifelte ich leise daran, den Weg zur Burg wiederzufinden.

Auch meine Freundin wirkte auf einmal sehr verunsichert. Sie stockte, blieb stehen, beschrieb einen Kreis, als sei sie wie ein Zirkuspferd dressiert worden, und stand bockstill. Der Gegenstand ihres Schreckens, grün, schmal, beinlos, gerade so lang wie Maray, versuchte sich, so gut er konnte, im Moos zu verstecken.

Gerade das aber ließ Maray wieder Mut fassen. Mit einem flinken Satz stürzte sie sich auf den Grünen. Der bäumte sich auf, was sie wiederum in Panik versetzte. Eilig versuchte er fortzukriechen. In Maray war der Jagdinstinkt erwacht. Sie nahm abermals allen Mut zusammen, setzte hinterher – und getraute sich dann doch nicht.

Ein Kampf stand bevor, bei dem ich lieber nicht zuschauen wollte. Also schlug ich mich seitwärts ins Gebüsch und wartete, bis zu vermuten stand, daß Marays erster Kampf sein Ende gefunden hatte. Wie mochte er ausgegangen sein?

Die strahlende Siegerin stolzierte in würdiger Haltung an mir vorüber. Zwischen den Zangen trug sie das Ergebnis ihrer Pirsch: das erbeutete grüne Räupchen. Um nicht ganz nutzlos mit leeren Zangen den Rückweg anzutreten, ergriff ich ein Samenkorn, betrachtete es als meine Beute und schleppte es heim.

Zu dieser Tageszeit war der Wald voller Leben. Über uns und um uns herum flog und kroch es, daß sich beim besten Willen nicht entscheiden ließ, wer Freund war und wer Feind. Es gab tausend Möglichkeiten, ganz unverhofft verspeist zu werden. Aber wer denkt schon ständig an Feinde? Maray und ich jedenfalls nicht. Das junge Ding suchte tapfer seinen (und meinen) Heimweg. Mein Orientierungssinn sagte mir, so glaubte ich, daß die Richtung stimmte. Maray stoppte unverhofft ihren Trab, legte die Beute auf den Boden und machte eine kleine Ruhepause. Ich, die Nachhut, folgte ihrem Beispiel.

Während sie mich bisher so gut wie gar nicht beachtet hatte, drehte sie nun ihren Kopf zu mir. Sie schien froh zu sein, eine Begleiterin bei sich zu haben.

Dann riß uns plötzlich eine dunkle Erscheinung aus unserer sanften Ruhe. Sie schien nicht das Allerbeste im Sinne zu haben. Der Landstreicher, genau besehen, ein schwarzer, glänzender Käfer, ungefähr doppelt so groß wie Maray und ich, rannte vor uns hin und her und schob sich immer dichter an uns heran. Seine Fühler fuchtelten wild in der Gegend herum, bis er uns schließlich abwechselnd kurz betastete. Maray und ich standen natürlich in Angriffstellung, jede Sekunde bereit, den Kampf aufzunehmen. Aber wie ich deutlich bemerkte, hatte der üble Bursche es gar nicht auf uns abgesehen. Vielmehr war er an Marays grünem Räupchen interessiert, das noch immer vor ihr lag. Diebe fragen nicht erst um Erlaubnis, bevor sie etwas entwenden. Dieser hier auch nicht. Ehe wir uns versahen, ergriff er die grüne Beute, um sich mit langen Sätzen davonzumachen. Maray und ich setzten hinter ihm her und erwischten ihn an den Beinen, die wir wütend herumzerrten. Während ich mich ihm in den Weg stellte, ihn anstieß und in seine Vorderbeine kniff, hing Maray schon an ihrer Beute. Sie hatte sich darin verbissen und ließ nicht mehr los. Der Käfer zog, Maray riß. Keiner wollte nachgeben. Die grüne Streitursache war von den Raufenden inzwischen in zwei Hälften geteilt worden, was die Kampfeshitze jedoch nicht verminderte. In aller Eile suchte ich mir einen kräftigen Stecken, den ich vor den Kopf des frechen Käfers herumtanzen ließ. Das verdroß und entmutigte ihn. Er besann sich eines Besseren, wandte sich zur Flucht, schnellte dann aber wieder zurück, ergriff hastig die halbe Beute – und weg war er.

Auf diesen Schrecken hin fütterte ich Maray, die mutige Kämpferin. Wir lobten uns gegenseitig durch ausgiebiges Streicheln und machten uns höchst zufrieden auf den Heimweg. Maray trug wieder ihre heiß erfochtene Beute – jedenfalls den noch vorhandenen Rest davon –, ich ein neues Samenkorn. Mein voriges hatte ich verloren. Abhandengekommen war uns allerdings auch unser Rückweg. Um dem diebischen Käfer das von Maray rechtmäßig erbeutete Räupchen wieder abzujagen, waren wir etliche Ameisenkilometer hinter ihm hergelaufen. Weit und breit war – außer der Sonne – kein einziger Markierungspunkt mehr in Sicht.

Vor uns kroch gemächlich eine Schnecke ihres Weges. Flugs huschte ich zu ihr hin, um sie ganz aus der Nähe zu betrachten. Ihre Muskeln zogen beim Vorwärtskriechen den kolossalen

Schneckenleib zusammen und dehnten ihn wieder. Mir erschien sie wie eine wandernde Felsenwand. Ich konnte mir das Vergnügen nicht verkneifen, einmal über sie samt ihrem Hausgebilde hinwegzuklettern.

Beim Weiterwandern fiel mir ein wunderschöner, weit verästelter Riesenbaum auf, der mit rosafarbenen Blüten besetzt war. Es mochte sich um eine Heckenrose handeln. Ich hätte nicht übel Lust, mit Maray eine Klettertour über diese Blütenpracht zu unternehmen, und versuchte, meiner Gefährtin diesen Wunsch zu verdeutlichen. Ich drehte einen Kreis und gebärdete mich wie aus dem Häuschen geraten. Meine Freundin blieb stehen, um herauszubekommen, was ich ihr mitzuteilen hätte (selbstverständlich nahm sie an, ich hätte eine lohnende Beute entdeckt). Sie folgte mir jedenfalls. So erkletterten wir gemeinsam das rosa-grüne Gewölbe. Fröhlich und ausgelassen turnten wir von einem Zweig zum anderen. An unsere Pflichten gemahnten uns lediglich die Lasten, die wir in den Zangen trugen. Voller Übermut kroch ich in eine der zauberhaften, großen, duftenden Blüten hinein. Ich badete förmlich darin, wie ein Fisch im Wasser. Maray balancierte am oberen Blütenrand entlang und schien Anstalten zu machen, mir zu folgen. Doch dann wurde es urplötzlich für den Bruchteil einer Sekunde finster um uns, die Blüte schwankte hin und her, ich konnte mich noch im letzten Moment festklammern – ein fürchterlicher Schreck; danach war alles wieder wie vorher, ich atmete auf, mir war nichts passiert, ich lebte noch – puh, noch einmal gutgegangen ...

Aber wo blieb Maray?

Sie war offensichtlich das Opfer des Vogels geworden. Nach erfolgloser Suche kletterte ich deprimiert auf den Waldpfad hinunter. Ich allein war schuld daran, daß Marays junges Leben ein so jähes Ende gefunden hatte. Hätte ich sie doch nicht auf den verdammten Blütenstrauch gelockt! Aber was halfen jetzt alle Selbstvorwürfe? Maray war fort und würde nicht wiederkommen.

Das bedeutete zunächst, daß ich nun den Rückwg zur Burg allein finden mußte. Selbst wenn Vater oder Jens, den Pieptönen meines Senders folgend, in der Nähe gewesen wären – wie hätten sie mich in dieser Wildnis finden, wie hätten sie mir helfen sollen?

Ich hatte das sichere Gefühl, mindestens tausend Kilometer von unserer Ameisenburg entfernt zu sein. Wären wir, Maray und ich, dem diebischen Käfer nicht begegnet, so würde ich anhand der markanten Geländepunkte, die ich mir gemerkt hatte, den Rückweg vielleicht sogar gefunden haben. Wie war das noch gewesen? Grasbüschel, Astgewölbe, Farn, Steinbrocken, Tannenzapfen, Hasenlosung . . .

Stimmte die Reihenfolge? Konnte sie noch stimmen, nachdem wir durch den Käfer so weit vom Wege abgekommen waren?

Auf der Jagd

Ich hielt mich an den Stand der Sonne. Meine Gemütsverfassung war auf dem Nullpunkt. Dann erblickte ich tatsächlich etwas, das mir bekannt vorkam: die beiden Tannenzapfen. Wie ein Wall der Zuversicht ragte der eine von ihnen vor mir auf. Ich erkletterte ihn und sah ...

Auf der anderen Seite des Tannenzapfens tobte ein wilder Kampf. Vier Arbeiterinnen stürzten sich auf eine gewaltige Nonnenraupe. In der mutigen Amazone, die am tapfersten focht, glaubte ich meine Freundin Myrinda zu erkennen. Geschwind eilte ich auf sie zu, um ihr beizustehen. Aber es war nicht Myrinda. Einerlei, ich mußte den Gefährtinnen helfen.

Die Raupe war ungefähr fünfmal so groß wie eine Ameise. Mir erschien sie eher wie ein Drachen. Gerade als ich in den Kampf eingreifen wollte, bäumte sie sich auf und versetzte mir einen Schlag, der mich augenblicklich zu Boden streckte. Ich wachte erst davon auf, als mich die Fühler einer besorgten Gefährtin aufmunternd streichelten. Nachdem ich mich, noch ein wenig benommen, aufgerappelt hatte, zeigte sich, daß der Kampf bereits ein Ende gefunden hatte. Die Gefährtinnen machten sich daran, ihre recht große Jagdbeute burgwärts zu schleppen. Mir erschien der Versuch, diesen bedeutenden Brocken von einem Beutetier durch den dichten Grasurwald zu befördern, ziemlich aussichtslos.

Aber meine Kameradinnen entwickelten ungeahnte Kräfte. Für eine Weile zerrten wir unseren Beutekoloß in schöner Harmonie vorwärts – genau so lange, wie unser Transportweg halbwegs eben war. Die Raupe schleppen und gleichzeitig beim Überwinden von Hindernissen Balance halten, das gelang mir noch zur Not. Aber dann standen wir vor einem himmelhohen Kleeblattstrauch, den zwei Kameradinnen rechts, die beiden anderen aber lieber links umgehen wollten. Da mir die linke Seite ebenfalls geeigneter erschien, schloß ich mich dem linken Flügel an. Wir stemmten, ächzten, zerrten. Vergeblich. Die Kräfte der beiden Freundinnen am rechten Flügel wogen unsere Anstrengungen auf. Kurzentschlossen verließ ich meinen Platz, um zu beobachten, wie die vier jetzt weiterarbeiteten. Was ich am allerwenigsten vermutet hatte, geschah: die beiden Rechtsaußen traten zum linken Flügel über. Und mit vereinten Kräften schafften sie es, daß das schwierige Hindernis bald hinter ihnen lag.

Dennoch schätzte ich nach Lage der Dinge, daß wir unser Raupen-Ungetüm noch mehrere Tage durch die Gegend schleppen würden. Zunächst jedenfalls versperrte eine Reisigbarrikade uns den Weg. Der Versuch, sie zu übersteigen, wäre aussichtslos gewesen. Meine vier Gefährtinnen unterminierten sie, und mit einer gewaltigen Anstrengung aller Kräfte, an der auch ich mich beteiligte, gelang es, die Raupe unter dem Hindernis hindurchzuzerren.

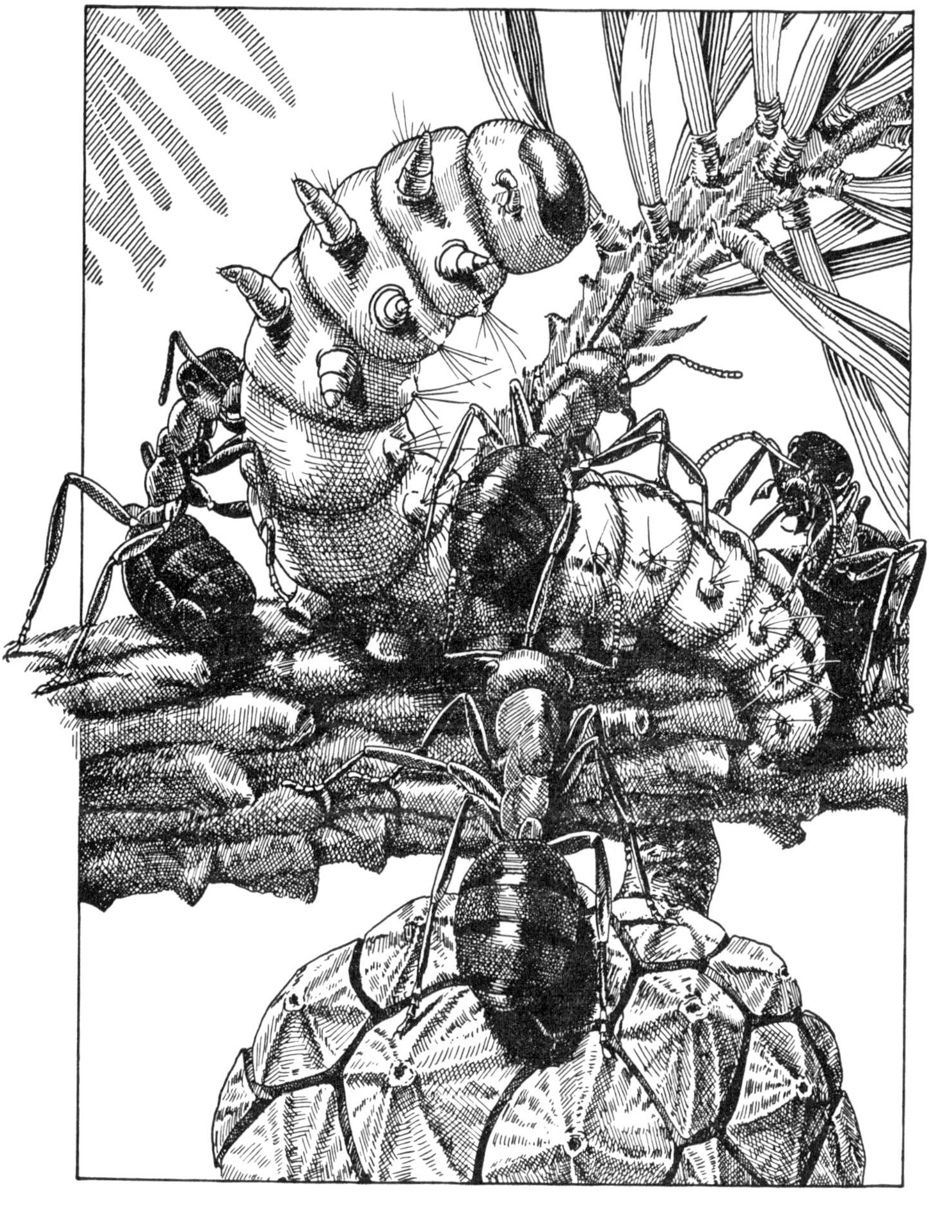

Welch ein erfreulicher Anblick in der hereinbrechenden Abenddämmerung! Vor uns dehnte sich eine gute Strecke ebenen, gebahnten Weges, und am Ende dieses Weges ragte, ein baldiges Ende unserer titanischen Plackerei in Aussicht stellend, unsere heimatliche Burg.

Wir versuchten, mit unserer umfangreichen Beute einen passenden Eingang zu finden. Doch einer nach dem anderen erwies sich als zu klein, zu schmal, zu eng. Langsam schwand das Licht des Tages. Die Nacht breitete sich aus. Für uns war es Ehrensache, die Fracht unzerteilt in einem Stück einzubringen. Unbeirrt suchten wir den halben Burgberg ab. Hilfreiche Bauarbeiterinnen kamen plötzlich auf die Idee, ganz einfach den nächstgelegenen Eingang zu vergrößern. Siehe da, die Raupe paßte hinein. Man schob, drückte, zerrte. Auf der Stelle fanden sich bereitwillige Gefährtinnen, die die weitere „Verarbeitung" übernahmen.

Der Jagdausflug war anstrengend gewesen. Nachdem ich mich ausgiebig hatte füttern lassen, erholte ich mich in der Burg, bis ein heller, warmer Morgen uns wieder nach draußen lockte.

Interessiert beobachtete ich eine Truppe junger Ameisen, die, vorsichtig umherspähend, die Burg verließ und auf einen breiten Sonnenflecken zustrebte. Ein ausgedehntes Sonnenbad ließ ihr Naturell zu dieser frühen Stunde offensichtlich nicht zu, denn sie begannen in überraschender Schnelligkeit mit den Fühlern zu spielen. Ihre Vorderbeine streichelten dabei in sanfter Weise die Wangen der anderen. Nach diesen ersten Bewegungen erhoben sich je zwei auf die Hinterbeine, rangen miteinander, faßten sich an einer Zange, einem Bein oder Fühler und ließen wieder los, um erneut nacheinander zu haschen. Übermütig kletterten sie sich gegenseitig auf den Rücken oder den Hinterleib, umklammerten sich und warfen sich zu Boden, ohne sich jedoch ein Leid zuzufügen. Sie wechselten in rascher Folge die Partnerin. Dabei entwickelten etliche einen derartigen Eifer, daß sie mehrere Arbeiterinnen hintereinander anfielen, sich mit ihnen einige Zeit herumbalgten und erst davon abließen, wenn sie entweder selber den kürzeren zogen oder die Gegnerinnen sich versteckten. Unversehens geriet auch ich in dieses Getümmel und hatte meine Rolle als unbeteiligte Zuschauerin auch schon verspielt. Zwei junge Ameisen packten mich an Beinen und Zangen und kullerten mit mir zu Boden. Von irgendwoher tauchten wasserballgroße Samenkörner – Ameisenmaßstab! – auf. Es bereitete uns Vergnügen, sie wegrollen zu lassen oder sie uns gegenseitig abzunehmen. Mitten hinein in dieses turbulente Spiel platzten einige stürmische Außendienstlerinnen; sie hatten uns dringend etwas Wichtiges mitzuteilen. In heller Aufregung betrillerten die Außendienstameisen uns lebhaft mit den Fühlern, betrommelten uns mit den Vorderbeinen und schnickten mit den Körpern, was viele in Aufruhr versetzte. Schließlich, um auch die Begriffsstutzigen und Bequemen aufzurütteln, stießen sie mit dem Kopf voran mehrmals ruckartig auf die Gefährtinnen zu. Ich gehörte zu den wenigen Letzten, die keine Anstalten machten, den unmißverständlichen Aufforderungen Folge zu leisten. Kurz entschlossen grabschte mich eine besonders aufgeregte, temperamentvolle Freundin an den Zangen und zerrte mich herum.

Unsere Signalbringerinnen hatten ihr Ziel erreicht. Um eine Gefahr, die uns hätte bedrohen können, handelte es sich mit Sicherheit nicht; so wild wiederum benahm sich keine. Auch war niemand mit geöffneten Zangen umhergelaufen. Dennoch verfehlte die Eilbotschaft ihre Wirkung nicht. Wir wußten: „Draußen ist irgendwo etwas los, kommt schnell." Die Ursache der Signale mußten wir allerdings selber herausfinden.

Wieselflink sausten wir umher, begannen auszuschwärmen, liefen in Schnörkeln, Schleifen und Spiralen. Aufs Geratewohl folgte ich einer Schar, die in Richtung des mir allmählich vertrauten Jagdgebietes davoneilte. Und in der Tat: Dort ereignete sich etwas! Dicht vor einem zartblauen Veilchenbusch tobte ein wilder Kampf. Mehr als zwanzig Jägerinnen hatten sich mittlerweile am Schauplatz eingefunden. Von allen Seiten liefen weitere angriffslustige Ameisen hinzu. Zwischen den hart kämpfenden Jägerinnen glaubte ich etwas Grünliches zu erkennen. In der Riege der heranstürmenden Gefährtinnen bildete ich die einzige Ausnahme, denn ich floh in entgegengesetzter Richtung. Ich brachte es einfach nicht fertig, eine solche Schlacht aus der Nähe mit anzusehen, geschweige denn, mich daran zu beteiligen. Im grünen Dschungel hatte ich noch keine zwanzig Schritte zurückgelegt, als sich auch schon eine weitere Jagdszene vor mir abspielte. Vier Jägerinnen hatten einen beachtlichen, großen, braunen Käfer, dem Aussehen nach einen Rüsselkäfer, erbeutet. Fachgerecht zerlegten sie ihn an Ort und Stelle, um dann das wertvolle Fleisch in zangengerechten Stükken heimwärts zu tragen.

Meine lieben, fürsorglichen Freundinnen verwandelten sich bei der Jagd in wahre Raubtiere. Es versteht sich von selbst, daß der wichtige Beruf einer Jägerin gelernt sein mußte. Die erfahrene Jägerin wird mit einer nicht allzu großen Beute unter Anwendung derart weniger, blitzschneller, geübter Zangengriffe fertig, daß es kaum zu glauben ist. Jeder Griff sitzt äußerst präzise.

Wie stand wohl die Sache inzwischen bei der Ameisengesellschaft, die sich mit dem grünen Untier herumschlug? Neugierig rannte ich wieder hinüber. Auch hier war der Kampf längst beendet. Die Beute meiner siegreichen Amazonen war eine Heuschrecke. Diesen schweren Tierkörper burgwärts zu transportieren, würde ein mühseliges Unterfangen sein. Meine Gefährtinnen waren offenbar derselben Ansicht. Sie begannen, die eßbaren Teile gleich an Ort und Stelle zu vertilgen – und zwar, wie sich von selbst versteht, auf ihre besondere Art: Sie lassen aus ihrem Mund Speichel mit Verdauungsfermenten ausfließen, der das Fleisch zersetzt, so daß sie die Lösung aufsaugen, in ihrem Schenkmagen sammeln und heimtragen oder bereits vorher an Gefährtinnen weitergeben können.

Bei meinem Streifzug durchs Gelände traf ich auf eine Abteilung Jägerinnen, die offenbar auf ein bestimmtes Ziel zustrebten. Ich folgte ihnen. Wir suchten, suchten, suchten und entfernten uns meinem Gefühl nach beträchtlich von unserer Burg. Nach Erkundungen in die Kreuz und in die Quere gelangten wir an den Fuß eines mächtigen, bis ins Unendliche hinaufragenden Baumes. An einer verletzten Stelle der knorrigen, hügeligen Baumrinde trat süßer Saft aus, der uns Ameisen magnetisch anzog. Dicht an dicht umringten Gefährtinnen das Ufer des Saftstromes. Wir Neuankömmlinge eroberten uns ein Naschplätzchen. Behaglich schlürften alle, was die Natur uns im Überfluß bot. Darüber vergaß man jegliche Gefahr, die möglicherweise auf einen lauerte. Und gefahrvoll schien die Welt an jeder Ecke zu sein: Der Beweis dafür ließ nicht lange auf sich warten. Oberhalb der Stelle, an der wir saßen, an der Quelle des Saftstromes sozusagen, geschah es. Verdunkelter Himmel durch einen riesigen Vogelkörper, kurzes Verharren, Entwarnung.

Die Masse der trinkenden Ameisen stürmte in panischem Schrecken fluchtartig die Baumrinde hinunter. Zwischen Baumrinde und dem Gräsermeer des Waldbodens hatte sich eine leuchtend-grüne Pflanzenart angesiedelt, die ich als Moos erkannte. Das Moos glitzerte von herabgefallenen Tropfen des süßen Baumsaftes. Hier stießen wir auf eine kleine Schar von Freundinnen, die der Vogelalarm offenbar nicht aufgerüttelt zu haben schien und die zu trinken fortfuhren. Eine mit mir am Baumstamm herunterjagende Gefährtin, sie schien nicht mehr die Jüngste zu sein, und ich nannte sie Annika, rannte zwar ebenfalls an den schmausenden Arbeiterinnen vorüber, kehrte dann aber wieder um und näherte sich einer Kameradin, die sich offenbar vom Genuß des wohlschmeckenden Saftes nicht abbringen lassen wollte. Annika stieß sie mehrmals mit den Zangen an, indem sie dabei den Kopf auf und ab schnellte, und erreichte es, daß jene schließlich dann auch fortging. Die warnende Annika wandte sich hierauf einer zweiten, immer noch trinkenden Arbeiterin zu und versuchte, sie durch Stöße von hinten anzutreiben. Da sie aber erkannte, daß sie von dieser nicht verstanden wurde, näherte sie sich deren Brust und versetzte ihr zwei oder drei weitere Stöße mit den Zangen. Jetzt endlich schien die Angegriffene von der Notwendigkeit, sich wegzubegeben, überzeugt zu sein und hastete hinter den Fliehenden her. Eine weitere, gleicherweise alarmierte Arbeiterin schenkte den Stößen Annikas keinerlei Beachtung. Schließlich faßte Annika sie an einem Hinterbein und zog unsanft daran. Nun wandte sich die immer noch trinkende Kameradin um, öffnete sichtlich erzürnt ihre breiten Zangen, kehrte sich dann aber wieder friedlich ab, um weiterzutrinken. Dazu ließ ihr Annika nun allerdings keine Zeit mehr. Sie stellte sich vor sie hin, faßte sie kurzerhand an den Zangen und schleppte sie fort.

Natürlich hatte auch ich von dem Baumsaft probiert. Das Zeug schmeckte einfach köstlich; ich verstand, daß sich die Gefährtinnen nicht gern beim Trinken stören ließen. Kein Zweifel, es hatte damit etwas Besonderes auf sich. Was dieses Besondere war, merkte ich, als ich mich anschickte, den anderen in gebührender Eile zu folgen. Mir war plötzlich, als hätte ich nicht mehr sechs Beine, sondern zwölf. Leicht schwankend setzte ich mich in Bewegung. Der Baumsaft mußte in der Sonnenwärme in Gärung übergegangen sein – und ich hatte einen Schwips.

In dem angenehmen Gefühl, eine kleine Ferientour anzutreten, bei der einem immer wieder Neues und Spannendes begegnet, wanderte ich durch die Landschaft. Schon nach wenigen Schritten sah ich eine Jägerin vor mir, die offenbar Mittagspause machte und gerade ihren völlig eingestaubten Körper reinigte. Ihre Beute, einen kleinen, graubraunen Falter, hatte sie auf dem Boden abgelegt. Ich war schon drauf und dran, ihr nach guter Ameisenmanier beim Putzen zu helfen; doch im gleichen Augenblick unterbrach Gunda, wie ich sie nannte, ihre Tätigkeit und huschte seitwärts ins Gesträuch.

Mir schoß eine Idee durch den fühlergeschmückten Kopf. Was würde Gunda wohl unternehmen, wenn man ihre Beute ver steckte? So schnell es ging, zerrte ich den Falter zwischen die dicken Stengel eines zitternden Waldgrases und bedeckte ihn zur Hälfte mit großen, braunen Fetzen verwelkter Blätter. Ich hatte mich gerade hinter einem Mooshügel verborgen, da kehrte Gunda auch schon zurück, um ihre Beute heimzuschleppen. Aber sie war nicht mehr da. Gunda blieb ruckartig stehen und stutzte. Es schien ihr einfach nicht möglich, daß das erlegte Wild abhanden gekommen sein sollte. Nun begann ein großes Suchen. Gunda stöberte nach links, nach rechts, schoß pfeilschnell geradeaus, beschrieb Zickzack-Linien, kurz, sie tat ihr Bestes, den verlorengegangenen Falter wiederzufinden. In mir regte sich bereits ein schlechtes Gewissen, ihr einen solch üblen Streich gespielt zu haben, als meine Kameradin entmutigt und sichtlich ermüdet fortging. Ratlos saß ich da und überlegte. Wenige Augenblicke später kehrte Gunda zurück. Aber nicht allein. Sie wurde von drei Arbeiterinnen begleitet, die sie gesucht und benachrichtigt haben mußte. Jetzt suchte man zu viert. Indem ich den anderen einen kleinen Hinweis durch recht auffälliges Verhalten gab, gelang es nach gemeinsamer Anstrengung, die versteckte Beute wiederzufinden. Ein jeder von uns ging wieder seiner Arbeit nach, sofern man meinen Dschungel-Bummel als Arbeit bezeichnen will.

Die Facettenaugen der Ameise, in deren Körper ich zur Zeit wohnte, gestatteten mir zwar bei weitem nicht ein so deutliches Sehen wie meine menschlichen Augen, aber ich erkannte ernüchtert, daß sich hinter vereinzelt herumliegenden Steinbrokken ein brauner Tierkörper verbarg. Völlig unbeweglich blieb er liegen. Belauerte mich da jemand? Ein kleiner Test sollte mir Klarheit verschaffen. Wie der Wind rannte ich herum, blieb stehen, blickte mich um. Niemand verfolgte mich. Auch nach weiterem Hin- und Herhuschen rührte sich das fremde Tier nicht. Offenbar hatte es nicht die Absicht, mich zu verspeisen. Vorsichtig, doch gleichzeitig fluchtbereit, schlich ich näher heran, indem ich einen Bogen mit gehörigem Sicherheitsabstand beschrieb. Vielleicht handelte es sich um ein totes Tier? Nachdem ich es einmal umkreist hatte, fand ich die Erklärung. Ein Schneckenhaus. Wie gut, wie richtig machten es doch alle meine Kameradinnen! Sie schauten weder nach rechts noch nach links, vermuteten nicht zaghaft hinter jeder Ecke vermeintliche Angreifer. Nein. Sie gingen auf die Jagd und verrichteten mit aller Kraft ihre Arbeit. Jedes andere Verhalten würde das Ameisenvolk an den Rand des Verhungerns bringen.

Das Schneckenhaus erwies sich als unbewohnt. Außer mit einer leichten Erdschicht schien es mit nichts als Luft angefüllt. Mich ergriff kindliche Neugier. Wie mochte es wohl drinnen aussehen? Was stand einem kleinen Besuch entgegen? Ich betrat das Schneckenhaus mit demselben Gefühl, mit dem man prüft, ob die Eisdecke des zugefrorenen Sees auch wirklich hält. Ich paßte hinein wie in eine zu groß geratene Hundehütte.

Hilfe!

Fast hätte mich der Schlag getroffen vor Schreck. Aus dem Inneren des Schneckenhauses kam plötzlich etwas an mir vorbei ins Freie geflitzt. Pfeilschnell flüchtete ich auf einen Grashalm, um mich in Sicherheit zu bringen. Seltsamerweise kam niemand hinter mir her. Von meinem Hochstand aus konnte ich das geheimnisvolle Schneckenhaus gerade noch beobachten. Mir fiel ein Stein vom Herzen, als der Mieter des Schnekkenhauses wieder Einzug hielt: eine schwarze Kugelassel, der bestimmt kein geringerer Schrecken in die Glieder gefahren war als mir, nachdem wir uns drinnen in unfreiwilliger Weise berührt hatten.

Als ich weiterzog, geriet mein Maßstabgefüge beim Anblick einiger für ihre Familie ausnehmend kleiner, gerade allein auf ihren Wurzeln stehender Fichtenpflänzchen wieder einigermaßen ins Lot. Diese Nadelbäumchen ließen sich noch überblikken. Beim Ersteigen eines der Bäumchen traf ich auf einen dikken Waldbewohner. Eine borstige Nonnenraupe schlug sich in aller Seelenruhe den Bauch voll. Jeder richtigen Ameise hätte es schlecht angestanden, an diesem Beutetier vorüberzueilen. Ich beschloß, die Raupe ein wenig aufzuschrecken. Auf einem Ästchen über ihr hockend, ließ ich ein grünes Blatt, welches ich vom Waldboden heraufgeschafft hatte, auf sie herniedersegeln. Für kurze Zeit unterbrach sie ihre Dauermahlzeit, um dann sofort mit der Lieblingsbeschäftigung fortzufahren. Irgendwann zog ein Windhauch der Raupe die Decke herunter.

Versunken hockte ich in einer Kuhschelle, als ein leibhaftiges Gespenst weiß daherflatternd meinen Atem zum Stocken brachte. Ein Kohlweißling machte mir, vielmehr meiner Kuhschelle, seine Aufwartung. Der Schmetterling konzentrierte sich vollkommen auf die Blüte. Mir schenkte er keinerlei Beachtung. Als er zum Abflug startete, blickte ich ihm wehmütig nach. Was hätte ich in jenem Moment darum gegeben, nur ein einziges Mal seine Flügel ausprobieren zu dürfen!

Am längeren Fortsetzen meines Ausfluges hinderte mich jedoch die sogenannte höhere Gewalt. Ständig war ich dermaßen beschäftigt gewesen, daß mir nicht auffiel, wie sich der Himmel verdunkelte. Unvermutet ergossen sich Wassermassen auf mich, die ich als Mensch mit „Platzregen" bezeichnet hätte. Ich verließ die offene Blüte und fand unter den schützenden Blättern des Waldkleestrauches Unterschlupf. Obwohl der Regen nicht allzulange dauerte, fand jetzt mein Erlebnis mit dem Tautropfen, der mir ein unfreiwilliges Bad beschert hatte, seine hundertfache Fortsetzung. Jedes Blatt, das ich berührte, jeder Halm, den ich anstieß, lud seine nasse Last auf mich ab. Vorsichtig versuchte ich, wenigstens den dicksten Tropfen auszuweichen. Der Sorge, bei diesem dauernden Tropfen-Slalom den Weg zu verfehlen, wurde ich bald enthoben. Meine Gefährtinnen, die wohl gleichfalls keine begeisterten Wassersportlerinnen waren, strebten in Scharen der heimatlichen Burg zu.

Prozession zur Tochterburg

Im Inneren der Burg fiel mir auf, daß sich heute besonders viele Arbeiterinnen um die in den oberen Etagen untergebrachten Puppen kümmerten. Mit Puppen-Kokons beladen, setzten sich zahlreiche Gefährtinnen ohne jeden ersichtlichen Grund in Bewegung. Und wie in einer Prozession marschierte eine nach der anderen ins Freie. Ich klemmte mir ebenfalls eine Puppe zwischen die Zangen und schloß mich dem Zug an. Weshalb und wohin wir diesen Kindergartenausflug unternahmen, wußte ich noch nicht. Es würde sich herausstellen.

Im Gänsemarsch ging es nach draußen. Aber nicht, wie ich erwartet hatte, zum Gipfel der Burg hinauf, um den Puppen ein Sonnenbad zu gönnen, sondern vielmehr den Burgberg hinunter und in gerader Richtung von ihm fort. Ich rätselte, wohin die Reise wohl gehen mochte. Nach allem, was ich über das Leben der Ameisen wußte, gab es nur eine Möglichkeit: Die Brut wurde, aus welchem Grund auch immer, zu einer Tochterburg geschafft.

Ich sollte recht haben mit meiner Vermutung. Über eine schmale Straße, nicht weniger gepflegt als jene, die zu den Rindenlausbäumen führte, gelangten wir nach einem ausgedehnten Marsch zu einer Tochterburg. Diese Ameisen-Heimstatt reichte, was ihre Größe anging, nicht an den mächtigen Umfang der Mutterburg heran; sie war noch im Aufbau begriffen. Die beträchtliche Anzahl von Puppen, die wir herbeitrugen, war hier natürlich hochwillkommen: An Arbeiterinnen, wie sie bald aus den weißen Kokons ausschlüpfen würden, bestand immer Bedarf.

Unser Staatenverband umfaßte insgesamt neun Burgen. In jeder Burg lebte ein Ameisenstaat. Vater und ich hatten vor Beginn unseres Experiments hier manche Stunde den Ameisen zugeschaut und Studien getrieben. Fremde Ameisenkolonien, auch wenn ihre Bewohner der gleichen Art angehören, sind einander in der Regel feindlich gesinnt. Aber die von der Mutterburg aus gegründeten neuen Burgen werden nicht als fremd empfunden. Alle Burgen, manchmal weit über hundert Stück, bilden eine große, soziale Gemeinschaft. Zumeist führen sogar geebnete, lebhaft begangene Straßen von Burg zu Burg, über die Eier, Larvenbabys, Puppen und sogar Königinnen je nach Bedarf ausgetauscht werden.

Unter jene Volksgenossinnen, die ausgetauscht wurden, fiel unversehens auch ich selbst. Meine Ameisenpuppe hatte ich ordentlich auf dem Stapel deponiert, den die Kameradinnen in einer Kammer der Tochterburg aufrichteten. Wie freute ich mich darauf, diese fremde Burg zu besichtigen! Daraus wurde nichts. Die Beweggründe meiner neuen Freundin, die mich daran hinderte, werden mir immer unerklärlich bleiben. Es handelte sich um Susi, der ich mich auf dem Zug angeschlossen hatte. Während unserer Wanderung zur neuen Burg hielt sie sich oft neben, vor oder hinter mir. Susi jedenfalls stieß mir sanft und freundlich in die Seite und zog mich an den Zangen dicht heran. Sie gab mir unmißverständlich zu verstehen, daß sie mich tragen wollte. Wie sollte ich ihr erklären, daß ich lieber erst einen Rundgang unternehmen wollte. „Komm, ich füttere dich, vielleicht lenkt dich das ein wenig ab.“ Susi speiste, streichelte mich, ließ mich gehen. Weiter als drei Schritte aber nicht. Sie bestand eisern darauf, mich zu tragen. Na dann. Bitte sehr! Artig rollte ich mich ein, Susi nahm mich bei den Zangen, und ab ging die Post. Sobald wir unsere Ameisenstraße erreicht hatten, ließ sie mich los – wohl in dem Glauben, daß ich mich nun von selbst auf den Heimweg begeben würde. Und sie hatte recht. Jetzt verspürte ich keine Lust mehr, umzukehren.

Überhaupt war mir ein wenig trübselig zumute. In nicht allzu ferner Stunde würde mein Ameisenleben zu Ende sein. Der Zeitpunkt, zu dem Vater unser Experiment abschließen würde, rückte unabweisbar näher. Ich beschloß, die verbleibende Zeit zu nutzen und über das Land der Ameisen, das ich bald verlassen würde, noch so etwas wie einen letzten Gesamtüberblick zu gewinnen. In dieser Absicht erkletterte ich, die blitzenden Blätterdolche vorsichtig umgehend, den Stamm einer turmhohen Distel, die am Rand der Ameisenstraße in den Himmel ragte.

Auf einer der Distelblüten angelangt, wurde ich Zeuge eines packenden Geschehens, das man mit Recht als aufregenden Abschluß meines Ameisenlebens bezeichnen kann.

Hinter einem Grasbusch am Rande des Ameisenweges breitete sich eine Art unbewachsener Lichtung aus. Auf diesem nicht sehr weiträumigen Feld bewegten sich zahllose Ameisen.

Die großen Tiere rauften in einer Weise miteinander, die beim besten Willen nicht als friedfertiger Sport zu bezeichnen war. Im Gegenteil. Hier tobte ein Ameisenkrieg, der zwischen den Angehörigen zweier Völker der Großen Roten Waldameisen, also keine meiner Stammesangehörigen, ausgetragen wurde.

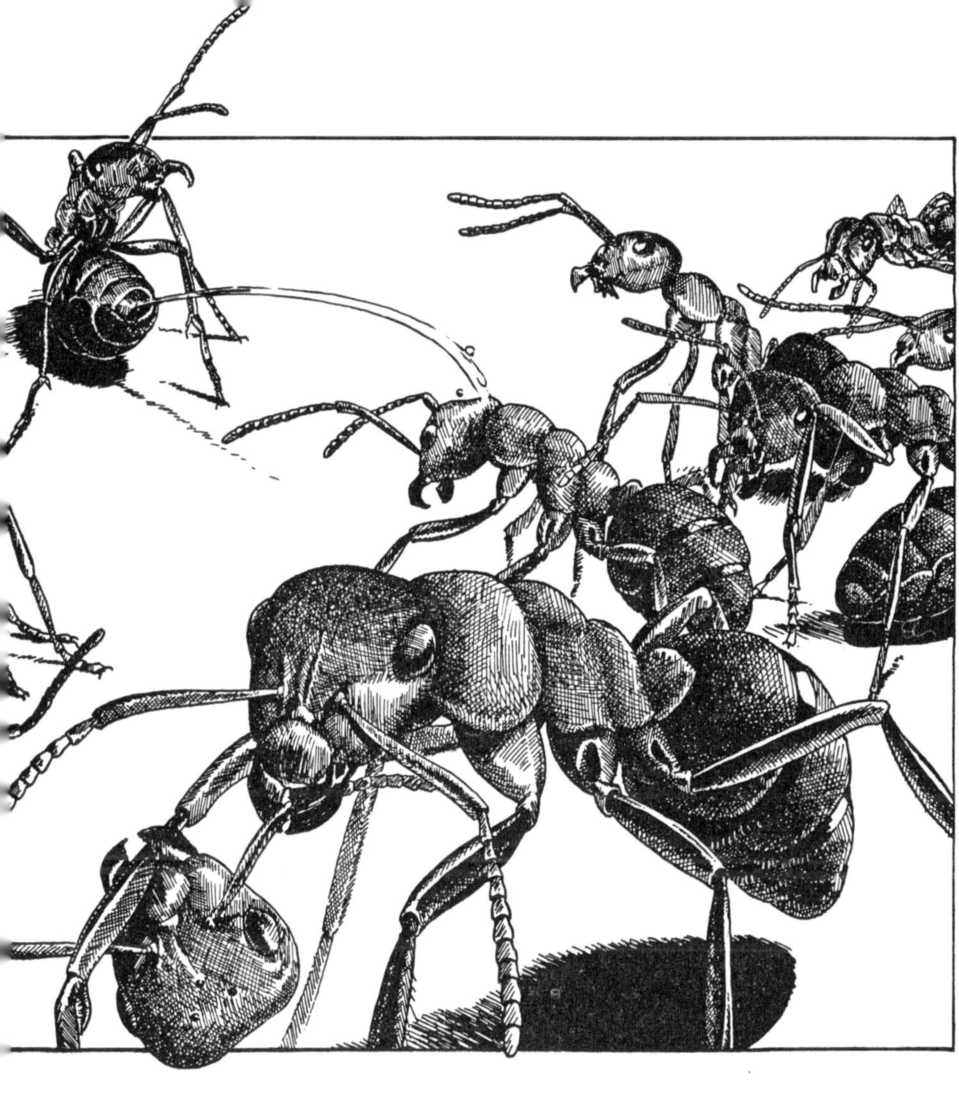

Die in den Kampf verwickelten Arbeiterinnen bespritzten einander aus der eingebogenen Hinterleibsspitze mit Salven von Gift. Mit ihren in diesem Fall als Waffe dienenden Zangen kniffen sie sich gegenseitig die Gliedmaßen ab und zerstückelten sich. Die erhitzten Kämpferinnen verbissen sich zu wahren

Knäueln ineinander. Andere bedienten sich erfolgreich ihrer unglaublichen Behendigkeit. Überall war der Boden übersät mit Toten, Zerstückelten und Sterbenden, die in letzten Zukkungen ihre Glieder regten.

Bevor der Krieg ausbrach, mochte sich vielleicht Folgendes abgespielt haben: Die Großen Roten Waldameisen beziehen im Herbst ihr Winterquartier. Aus der an einem sonnigen Wegrand gelegenen Burg wandern die Ameisen in eine bisher verlassene, etwa fünfzehn Schritte entfernte Burg über. Puppen werden nicht mitgetragen. Zu dieser vorgerückten Jahreszeit ist die Entwicklung der jungen Ameisen beendet. Die neu bezogene Burg liegt nicht so sonnig, dafür geschützter in einer Kiefernkultur, gerade zur Überwinterung geeignet. In der warmen Jahreszeit wechseln sie wieder hinüber in die Sommerburg. Möglicherweise hatte der letzte Standortwechsel das neue Wohngebiet zu nahe an das Jagdrevier einer benachbarten fremden Ameisenburg herangebracht. Bisher gingen sich die Ameisen beider Völker in respektvoller Entfernung aus dem Weg. Doch nun war man einander zu nahe. Zudem hatten sich wahrscheinlich beide Völker stark vermehrt und brauchten deshalb ein ausgedehnteres Jagdgebiet.

Die Arbeiterinnen und Jägerinnen beider Völker begegneten einander immer öfter, zuerst nur erschreckt, dann in steigendem Maße abwehrbereit. Wenn das Unglück es wollte, daß einmal größere Scharen beider Völker aufeinandertrafen und womöglich noch von ihren Burgen Verstärkung erhielten – mit der Zahl der Kämpfer steigert sich ihre Kampfeswut –, dann kam es eben zu einer Schlacht in dem schrecklichen Ausmaß, wie wir es hier beobachten konnten.

Natürlich ist der Ausgang einer solchen Schlacht, genau wie bei menschlichen Kriegen, in der Regel ungewiß. Gleich starke Völker können sich ohne greifbaren Nutzen gegenseitig regelrecht ausrotten. Sehen die beiden Parteien aber die Fruchtlosigkeit ihres Bemühens rechtzeitig ein, so nimmt ihr Kampfeseifer ab, und nach vielen Tagen heftiger Kämpfe tritt nach und nach eine Art Waffenstillstand ein, worauf beide Parteien die Grenzen respektieren. Obwohl die Ameisen ein gutes Gedächtnis haben, vergessen sie, wie die Menschen, leider oft die Lehren der Vergangenheit und fangen im folgenden Jahr wiederum miteinander zu kriegen an.

Ende mit Beinahe-Schrecken

Doch während ich noch, von dem Geschehen tief unter mir gefesselt, auf meiner Distelblüte saß, flatterten plötzlich wolkengroße gelbe Flügel über mir. Gleichzeitig umgab mich ein durchdringender Honigduft. Ich wußte, was das bedeutete: Es war das verabredete Signal, mit dem Vater mir das Ende unseres Experiments anzeigte. Er schwenkte einfach zwei gelbe Fähnchen über dem Gebiet, in dem die Pieptöne meines kleinen Senders meine Abwesenheit verrieten. Klar, daß seine Botschaft mich nur erreichen konnte, sofern ich mich draußen aufhielt. Für den Fall, daß ich gerade drinnen arbeitete, wäre die Ameise Lara für kurze Zeit eingeschlafen und Vaters Tochter sachte aus dem Tiefschlaf erwacht.

Für mich hieß Vaters Fahnenschwenken, daß ich unverzüglich eines der Glashäuschen aufzusuchen hatte, damit Vater oder Jens mich darin nach Hause befördern konnte. Dafür, daß er das richtige Häuschen auf Anhieb fand, sorgte mein kleiner Sender. Aber war hier überhaupt eines der Häuschen in der Nähe? In der Tat – von meiner Distel aus konnte ich seinen Deckel jenseits der Ameisenstraße unter einem Busch blinken sehen.

Nun ging mein Ausflug ins Ameisenreich also zu Ende.

Nachdenklich putzte ich meine Fühler. So weit von der Burg entfernt, hatte ich nicht einmal Gelegenheit, mich von Myrinda zu verabschieden – geschweige denn von Kitti und Kati. Doch Vaters Anweisungen waren strikt zu befolgen. Schließlich war er der Leiter unseres Experiments.

Wehmütig machte ich mich an den Abstieg von meiner Distel und strebte dann, meine letzten Minuten als Ameise in freier Wildbahn noch ein wenig auskostend, auf das Glashäuschen zu. Der Weg war doch weiter, als ich angenommen hatte; aber ich brauchte wenigstens das Schlachtfeld der Ameisen, die ich aus luftiger, aber sicherer Höhe beobachtet hatte, nicht zu durchqueren.

Endlich stand das Häuschen vor mir. Zwei gelinde Kopfstöße, dann zwei kräftige – die Tür ging auf, und ich war drinnen. Nun hieß es nur noch warten, bis Vater kam und mich samt Häuschen abtransportierte.

Es dauerte nicht lange, bis über dem Häuschen ein riesiger gelber Schatten erschien und sich über mich beugte. Dann hob sich mein gegenwärtiger Aufenthaltsort wie ein Heißluftballon in die Höhe, und ein regelmäßges Schaukeln verriet mir, daß Vater mich mit großen Schritten nach Hause trug.

Und irgendwann am Ende dieser Luftreise muß ich dann wohl eingeschlafen sein.

Als ich die Augen aufschlug, schwebte über meinem Kopf etwas silbrig Glitzerndes. Ich versuchte es mit den Fühlern zu betasten. Fehlanzeige. Da waren keine Fühler. Während ich noch blinzelte, schwenkte Jens das Gitter über meiner Liege zur Seite.

„Aufwachen, Schwesterherz“, sagte er und pflückte mir die Meßinstrumente vom Körper.

Als er damit fertig war, richtete ich mich auf. Ich war hellwach; keine Spur von Schlaftrunkenheit oder irgendwelcher Mühe, in die Welt zurückzufinden.

Ich glitt von der Liege, streckte Arme und Beine. Zwei Arme, zwei Beine. Alles ganz normal, aber doch ein bißchen merkwürdig, wenn man vorher flink genug mit sechs Beinen umhergelaufen ist.

Vater saß an seinem großen Eichenschreibtisch und machte Eintragungen in sein Protokollbuch. „Experiment Lara erfolgreich abgeschlossen“ – oder so etwas Ähnliches, vermutete ich. Dann hob er den Kopf, sah mich an und sagte: „Schau doch mal, was da drüben auf dem Tisch steht.“

Auf dem großen Labortisch stand das Glashäuschen. Ich beugte mich darüber. Drinnen krabbelte eine Ameise. Die Ameise, die ich gewesen war. Offenbar hatte Jens den kleinen Sender bereits mit einer feinen Pinzette von ihrem Rücken abgelöst.

Wenn ich mich schon nicht von Myrinda und von Kitti und Kati hatte verabschieden können – von dieser Ameise mußte ich es tun, bevor Jens sie im Glashäuschen zur Ameisenburg hinaustrug und wieder in die Freiheit entließ. Ich mußte es einfach, mochte Jens über meine Gefühlsduselei sagen, was er wollte.

Aber wie? Für die Ameise war ich bestenfalls ein riesiger formloser Schatten. Der Unterschied zwischen einem Menschen und einer Ameise ist doch – die Erfahrung habe ich ja selbst gemacht – ziemlich groß; besonders wenn man einander etwas zu sagen hat.

Doch dann kam mir ein Gedanke.

Mit einem abgebrochenen Streichholz angelte ich einen winzigen gelben Tropfen aus dem Honigglas, öffnete den Deckel des Glashäuschens – und legte das Ganze hinein. Die Ameise schleckte eifrig, bis der gelbe Tropfen verschwunden war.

„Tschüs, Lara“, sagte ich leise.

E N D E

Wissenswertes in Kurzform

Alarm Gefahrenalarm, Beutealarm, Alarm bei Gewitter, Alarmübertragung durch Ameisensäure oder Drüsenstoffe oder durch hastiges Hin- und Herlaufen, heftiges Betrommeln der Gefährtinnen mit Fühlern und Vorderbeinen, kurzes, ruckartiges Zerren, Kopfstöße.

Alter Königinnen: ca. 25 Jahre, Männchen: sterben nach der Begattung, Arbeiterinnen: ca. 4 bis 6 Jahre oder 10 Jahre. Stammesgeschichtliches Alter: mehr als 135 Mio. Jahre.

Ameisenfriedhof Tote Ameisen werden fast immer auf dieselbe Stelle weit weg außerhalb der Burg geschafft, wo sie zum Beispiel von Vögeln, die auf dem Boden brüten, verzehrt werden.

Ameisensäure Wirksames Gift gegen Beuteinsekten. Ameisensäure dient als chemische Waffe bei der Verteidigung und der Jagd sowie als Alarmsubstanz. Das Gift dringt durch die Bißwunde beim Beutetier, aber auch durch eine unverletzte Chitinkörperdecke sowie durch Atemröhren in den Körper ein und ruft örtliche Zerstörungen der Gewebe hervor.

Arbeiterinnen Ihnen obliegt der Innen- und Außendienst im Insektenstaat. Bleiben wahrscheinlich im Innendienst (nach dem Schlüpfen), bis ihre Eierstöcke zurückgebildet sind.

Arbeitsteilung Im Ameisenstaat erfolgt eine Verteilung der Aufgaben auf Königinnen (sie legen ausschließlich Eier) und Arbeiterinnen. Arbeiterinnen zeigen für eine bestimmte Tätigkeit eine besondere Vorliebe.

Augen Die Roten Waldameisen besitzen ein Paar Facettenaugen und drei Punktaugen. Die zweierlei Augentypen sind für Fern- und Nahsicht geeignet. Schwingungsrichtung eines polarisierten Lichtes wird erkannt sowie auch ultraviolettes Licht.

Bauen Es wird ständig gebaut, umgebaut, repariert, umgeschichtet, um die Burg in funktionsfähigem Zustand zu erhalten, damit sie nicht verpilzt und verrottet.

Berufe Innendienst: Eier-, Larven-, Puppenpflegerinnen, Betreuerinnen der Königinnen, Bauarbeiterinnen, Nestreinigerinnen, Abfallbeseitigerinnen Außendienst: Wärmeträger, Blattlausbesucher, Wächter der Blattläuse, Jäger, Transporteure von Baumaterial, Beuteverwerter, Wächter, Soldaten, Kundschafter und andere.

Bevölkerungsdichte 500 000 bis 1 Million Arbeiterinnen, 5000 Königinnen sowie die Brut.

Blattläuse (Rindenläuse, Blattsauger, Melkkühe) Regelmäßig zur Verfügung stehende Nahrungsquelle (außer im Winter). Die Arbeiterinnen betreiben Blattlauspflege. Die Läuse bohren ihren Saugrüssel in das Gewebe (Siebröhren) des Waldbaumes und saugen Pflanzensäfte ein. Die Bäume leiden nachweislich keinen Schaden dadurch. Exkremente der Blattläuse, das ist Honigtau (Kohlehydrate, Eiweiß), werden von Arbeiterinnen aufgesogen. Unsere Honigbienen bereiten daraus Waldhonig. Etwa 69 Arten von „Haustieren“ der Waldameisen, die besucht und gemolken werden, sind bekannt. Beispielsweise Blatt-, Wurzel-, Schildläuse, Blattflöhe, Zirpen, Bläulingsraupen. Ein Volk der Waldameisen verbraucht im Jahr etwa 300 bis 400 kg Honigtau mit einer Trockensubstanz von 60 bis 100 kg.

Borstenfelder An Gelenken liegende Sinnesorgane dienen als Schwere-Sinnesorgan. Sie ermitteln die Richtung der Schwerkraft (Schwerkraftorientierung.)

Burg Wird fast immer an einem Baumstrunk angelegt, der, zu einem dichten Gang- und Kammersystem ausgenagt, Königinnen und Eiern besonders guten Schutz gewährt. Über dem Baumstrunk und um ihn herum ist die Kuppel aus grobem Baumaterial, meist längere Aststückchen, gebaut. Die Kuppel wird von einer Lage aus feinem, dicht geschichteten Material wie Kiefern- oder Fichtennadeln, kurzen Grashalmstückchen, Holzmulm, Harzklümpchen und anderem umgeben. Zur Burg gehört ein beträchtlicher unterirdischer Teil mit einer Vielzahl von im Boden ausgehöhlten Gängen und Kammern. Diese erstrecken sich etwa ein bis zwei Meter unter die Erdoberfläche und einige Ausläufer der Gänge münden außerhalb des Kuppelbaues auf der Erdoberfläche beziehungsweise führen zu Tochterburgen. Beziehungen zwischen Mutterburg und allen neu gegründeten Burgen bleiben aufrechterhalten. Alle Burgen, manchmal weit über hundert, bilden einen großen Kolonialverband. Meist führen Straßen (sowie ein ununterbrochener Meldedienst) von Burg zu Burg.

Ernährung Der ungeheure Nahrungsbedarf eines großen Volkes wird hauptsächlich aus zwei Quellen gedeckt: Honigtau der Blattläuse sowie erbeutete Insekten. Zu bestimmten Zeiten spielen Pflanzenstoffe als Nahrung eine gewisse

Rolle: Baumsäfte, Nektar von Weiden, Wildkirschen, Brombeeren, Himbeeren, Weidenpollen, Samen von Wachtelweizen, Perlgras, Waldveilchen und andere. Erträgnisse: (Honigtau) der jetzt schon gelichteten Rindenlausherden. Alterschwache Rindenläuse werden zu Nahrungszwecken in die Burg eingetragen. Viele Arbeiterinnen haben ihren Schenkmagen vor dem Winterschlaf bis zur äußersten Dehnfähigkeit vollgestopft mit Reservenahrung (Fettpolster) für die Frühjahrsfütterung der Larven.

Eier Länglich-oval, Größe eines Stecknadelkopfes. Bedürfen der Wärme und hoher Luftfeuchtigkeit. Nach ca. 13 Tagen entschlüpfen bei guten Bedingungen die jungen Larven.

Erkennen von Staatsangehörigen Den Mitgliedern eines Volkes haftet der gleiche Duft an (erblich festgelegter Duft), so daß sich die Tiere daran erkennen können. Darüberhinaus besitzt jede Ameise einen eigenen Körperduft, an dem sie von ihresgleichen erkannt wird.

Feinde Außerhalb der Burg: Specht, Wendehals, Amsel, Dachs, Fuchs, Schwarzwild, leider auch der Mensch. Innerhalb der Burg: siehe Gäste der Ameisen.

Fühler (Taster, Antennen) Sinnesorgan, dient dem Geruchs- und Tastempfinden, dem Mitteilungsvermögen, der Ermittlung von Feuchtigkeit, Kälte, Wärme, Geschmack. Die Ameisen erhalten von den Dingen, die sie mit den Fühlern abtasten, räumlich gegliederte Geruchs- und Tastempfindungen (topochemischer Sinn). Fühler ermöglichen neben anderen Sinnesorganen ein Zurechtfinden in der dunklen Burg.

Fühlersprache Weist ein topochemisches Vokabularium auf, das kaum weniger reichhaltig ist als der Vogelgesang. Die verschiedenen Zeichen dieser „Sprache“ unterscheiden sich vor allem durch ihr Ungestüm oder ihre Zärtlichkeit.

Gäste der Ameisen Käfer Atemeles, Larve des Vierpunktkäfers, Dinarda, Milben, Tausendfüßler, Spinnen, Silberfischchen, Larven des Rosenkäfers, Kleine Gastameise Formicoxenus nitidulus Nyl und andere. (Mehrere huntert Insektenarten).

Jagd Die Roten Waldameisen betätigen sich als Insektenjäger. Zu insektenreichen Zeiten können von einem Volk pro Tag bis zu 100 000 Schadinsekten (in einem Jahr fünf bis zehn Millionen) erbeutet werden. Jagdwaffen: Zangen (kräftige, gezähnte Oberkiefer) sowie Gift (Ameisensäure).

Klimahaushalt Nur durch das soziale Zusammenleben ist ein eigener Klima- (und Nahrungshaushalt) möglich. Die in der Burg benötigten Temperaturen werden erreicht durch Sonnenstrahlen, Speicherwirkung der Bauweise und den Fleiß der Wärmeträgerinnen (Arbeiterinnen lassen ihren Körper draußen erwärmen und tragen die Wärme hinein). Bei abkühlender Außentemperatur werden augenblicklich soviele Eingänge wie möglich verrammelt, um die Wärme innen einzuschließen. Bei starker Sonneneinstrahlung schaffen Nestbaukolonnen mit einer Vielzahl weiterer Öffnungen gute Durchlüftung.

Königinnen Die friedfertigen Tiere legen pro Tag etwa zehn Eier. In einem 1-Millionenvolk leben ca. 5000 Königinnen, die von Pflegerinnen gefüttert und gepflegt werden. Königinnen verlassen nur einmal im Jahr ihre unterirdischen Kammern: bei der Sonnung im Frühjahr. Nach dem Hochzeitsflug bricht sich die Königin ihre Flügel ab. Die Begattung beim Hochzeitsflug schenkt der Königin eine lebenslange Fruchtbarkeit.

Koloniegründung Hat die Burgbevölkerung eine entsprechende Dichte erreicht, so wird ein Teil der Bewohner – Arbeiterinnen und Königinnen – auswandern und sich in der Nachbarschaft der Stammburg eine Burg errichten. So kommt es zu einer Vermehrung der Burgenzahl auf dem Wege der Koloniebildung. Die Kundschafter besorgen sich Verstärkung und bereiten die Anfänge des Burgbaus vor. Erst dann holen sie eine größere Menge Arbeiterinnen, Königinnen und auch Larven und Puppen nach. Ortsunkundige Arbeiterinnen und Königinnen werden getragen, genau wie die Brut. Den Rückweg finden die Arbeiterinnen von selbst wieder. Es kommt gelegentlich vor, daß sich ein ganzes Volk zu einem Generalumzug entschließt.

Kommunikation Die Ameisen mit ihrem hochentwickelten und vielfältig ausgeprägten Sozialleben haben eine besonders reichhaltige Auswahl an Verständigungsmöglichkeiten. Wichtigste Signale: Alarm, Verteidigung, Beute, Spurstoffe zur Orientierung zu Nahrungsquellen, Mobilisieren von Burgbewohnern, Sexuallockstoffe und andere. Das gegenseitige Mitteilungsvermögen erfolgt sowohl auf mechanische Art (Körpersprache) wie auch auf chemische (Legen von Duftspuren, Ameisensäure, Drüsenabsonderungen).

Larven Hilflose, in ihrem Gedeihen völlig von den Pflegerinnen abhängige Geschöpfe. Bei optimalen Voraussetzungen verpuppen sie sich nach 8 Tagen.

Orientierung Bei ihren Ausflügen lernt eine Arbeiterin, die Stellung der Sonne (Sonnenwanderung wird berücksichtigt) oder des Mondes mit der Lage der Burg und ihres Ausflugortes in Verbindung zu bringen. Sie orientiert sich auch nach der Schwerkraft. Für die einzelne Arbeiterin ist jedoch das Finden des Weges (nach und nach erlernbar) eine reine Gedächtnisleistung. Die Reize der Umwelt nimmt die Ameise mit ihren Sinnesorganen auf: Fühler, Augen. Außer diesen vermitteln den Ameisen im und am Körper, an Muskeln und Gelenken gelegene Sinneszellen Orientierungs-Wahrnehmungen. Chemische Orientierung: Legen einer Duftspur, der andere Arbeiterinnen folgen können.

Pflegerinnen meist junge Innendienst-Arbeiterinnen, die Brut und Königinnen versorgen.

Puppen Puppenruhe: 14 bis 16 Tage. Im Innern des Gespinst-Kokons bildet sich ein feingliedriger Ameisenkörper.

Sonnung Erfolgt im Frühjahr nach dem Winterschlaf. Arbeiterinnen und Königinnen sammeln sich dicht an dicht an der Burgoberfläche, um ihre winterstarren Glieder zu erwärmen.

Staat der Ameisen Vollzieht sich in der gemeinschaftlichen Lebensweise der Ameisen. Arbeiterinnen, Königinnen, Männchen übernehmen bestimmte Aufgaben, die das ganze Zusammenleben erst ermöglichen. In selbstloser Weise arbeiten und halten alle zusammen. Die im Staat vereinigten Ameisen arbeiten zusammen im Burgbau, in der Brutpflege und im Nahrungserwerb.

Straßen der Ameisen Man unterscheidet zwischen dem Nahrungserwerb dienenden Straßen und von Burg zu Burg führenden Verkehrsstraßen. Ameisenstraßen sind oft mit Duftspuren versehen und mitunter 200 bis 500 Meter lang.

Waffen Da die Ameisen nicht nur sich selbst, sondern auch die übrigen Staatsmitglieder zu verteidigen haben, verfügen sie über mechanische Waffen, die starken Zangen, sowie über chemische, das Gift der Ameisensäure. Das Besprühen des Gegners mit Gift aus der Ferne hat den Vorteil, daß Ameisen sich verteidigen können, ohne in Reichweite der gegnerischen Waffen zu kommen. Arbeiterinnen begeben sich sogar in eigene Lebensgefahr, um eine drohende Gefahr vom Volk abzuhalten.

Winterschlaf, Winterstarre In den Wintermonaten ziehen sich die Ameisen bis in die tiefsten Burgbezirke, das heißt in 1/2 bis 2 Meter Tiefe, zurück. In kleinen Klümpchen zusammengeballt liegen sie bewegungslos in den Kammern. Die erste wärmenden Frühlingssonnenstrahlen beenden die Winterruhe. Es folgt die Sonnung.

Zangen (Mandibeln, Kiefern) Universalinstrumente der Ameisen, gewissermaßen ihre Hände. Ameisen verwenden die Zangen als Waffe zur Verteidigung und zur Jagd, als Grab- und Maurerwerkzeige, aber nicht zum Kauen, da sie nur flüssige Nahrung zu sich nehmen können.